Frauke Lüpke-Narberhaus
Herz verloren – Hund gefunden

PIPER

Zu diesem Buch

Dieses Buch ist viel mehr als nur lustig: Zettelgold ist poetisch, philosphisch, traurig, wütend, rührend, verzweifelt. Die vielen kleinen Zettel erzählen, wie Deutschland lebt, liebt, flucht, fühlt. Wer genau hinschaut und nachfragt, erfährt Geschichten über uns, unsere Nachbarn und die vielen fremden Menschen, denen wir täglich auf der Straße begegnen. Für dieses Buch hat Frauke Lüpke-Narberhaus Dutzende Zettel gesammelt und recherchiert: Wer hat ihn geschrieben und warum? Was hat er bewirkt? Außerdem hat sie sich von Experten erklären lassen, wie Zettel eine Stadt verändern – und wofür es Papier braucht, wenn es doch das Internet gibt!

Frauke Lüpke-Narberhaus (1983) leitet das Online-Magazin bento für SPIEGEL ONLINE, zuvor arbeitete sie als Redakteurin in den Ressorts UNI- und SCHUL SPIEGEL. Sie besuchte die Henri-Nannen-Schule mit Stationen bei SPIEGEL, Zeit, Berliner Zeitung sowie Stern View. Sie arbeitete als freie Journalistin in Schweden, als Arthur F. Burns Fellow beim Boston Globe sowie als Stipendiatin des IJP Nordeuropa-Programms in Island. Ihr Studium absolvierte sie in Münster und Stockholm.

www.zettelgold.de

Frauke Lüpke-Narberhaus

HERZ VERLOREN – HUND GEFUNDEN

Zettel und ihre Geschichten

PIPER
München Berlin Zürich

Mehr über unsere Autoren und Bücher:
www.piper.de

Sollte es nicht gelungen sein, alle Zettel-Autoren ausfindig zu machen, kontaktieren Sie gerne Autorin oder Verlag. Vereinzelt waren Fotos unscharf oder zu dunkel. Um eine bessere Lesbarkeit zu erzielen, wurden sie daher für das Buch abgeschrieben und erneut fotografiert.

MIX
Papier aus verantwor-
tungsvollen Quellen
FSC® C083411

Originalausgabe
September 2016
© Piper Verlag GmbH, München/Berlin 2016 in Kooperation mit
SPIEGEL ONLINE, Hamburg 2016
Umschlaggestaltung: semper smile, München
Umschlagabbildung: shutterstock (Zettel, Reißzwecken),
pixabay.com (Hund, Hintergrund)
Satz: Kösel Media GmbH, Krugzell
Gesetzt aus der Scala
Druck und Bindung: CPI books GmbH, Ulm
Printed in Germany   ISBN 978-3-492-30880-9

Wie alles begann

Das Foto von Jonas' Zettel trug ich ein Jahr mit mir herum, abgespeichert auf meinem Handy. »Alles an Dir ist bezaubernd«, stand darauf. »Bitte vergib mir, wenn ich Schwachsinn geredet haben sollte. Jonas.« Es war der erste Zettel.

Immer wieder wollte ich bei ihm anrufen. Hatte er die Frau gefunden, die er suchte?

Die Frage, welche Geschichte sich hinter dem Zettel verbarg, hatte mich nicht mehr losgelassen. Ab jetzt achtete ich auf all die Schätze, die in Deutschlands Städten an Schwarzen Brettern hingen, an Litfaßsäulen, Stromkästen und Bäumen. Denn sie erzählen, welche Themen Menschen bewegen, was sie ärgert, freut und verzweifeln lässt.

Tausende Zettel hängen in Deutschlands Städten. Jeder Schreiber hat eine ganz eigene, meist sehr persönliche Motivation. Und doch haben sie etwas gemein: Sie sind auf der Suche, wollen protestieren, verstehen die Zettel als Kunst oder als Botschaft an die Leser.

Gesucht werden Pfeil und Bogen, die große Liebe, Sex (ohne Liebe).

Protestiert wird gegen das Internet, Fahrraddiebe und die Bibel.

Hinterfragt wird, warum Damen- und Herrentoiletten nach Geschlechtern getrennt sein müssen und wieso in der Stadt so viel verboten ist.

Gefordert werden Gerechtigkeit für Rentner, Flachlandgorillas und Stadttauben.

Und Jonas? Der freute sich über den Anruf. Und erzählte, wie der Zettel eine Zeit lang sein Leben bestimmte.

Inhaltsverzeichnis

SUCHE

Jonas, 30, sucht die hessische Perle

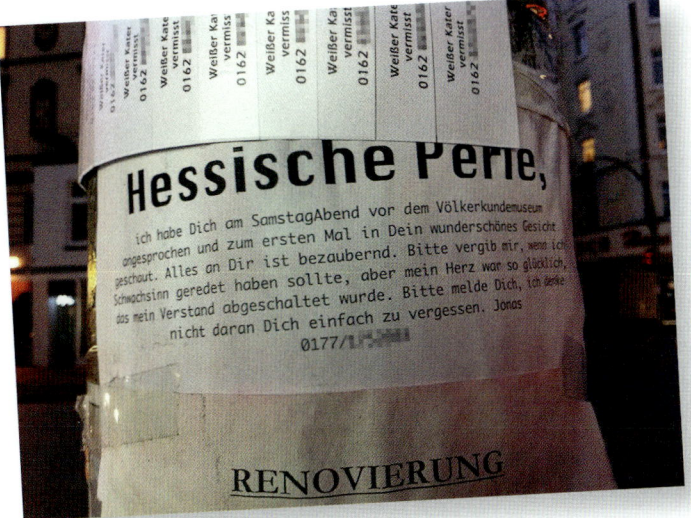

Hessische Perle,

ich habe Dich am SamstagAbend vor dem Völkerkundemuseum angesprochen und zum ersten Mal in Dein wunderschönes Gesicht geschaut. Alles an Dir ist bezaubernd. Bitte vergib mir, wenn ich Schwachsinn geredet haben sollte, aber mein Herz war so glücklich, das mein Verstand abgeschaltet wurde. Bitte melde Dich, ich denke nicht daran Dich einfach zu vergessen. Jonas
0177/1░░░░░

RENOVIERUNG

FRAUKE LÜPKE-NARBERHAUS, HAMBURG

An einem Sonntag, einen Tag nachdem er sich verliebt hatte, hängte er den ersten Zettel auf. 600 weitere sollten folgen.

Jonas, 30 Jahre, schlaksig, Nickelbrille und Dreitagebart, hatte sich abends mit einem Freund verabredet, doch der hatte ihn versetzt. Jonas ging allein ins Hamburger Völkerkundemuseum, schaute sich die Ausstellung im Maori-Haus an, besuchte das Konzert einer marokkanischen Band. Mehr als ein Jahr ist das jetzt her.

Dort sah er diese Frau. Allein tanzte sie neben der Bühne, völlig in sich versunken, er tanzte sie an, sie bemerkte nichts. Jonas sagt, ihr Gesicht habe er gar nicht gesehen, nur ihre langen Haare, ihren Körper, ihre Bewegungen.

Als sie ging, folgte er, sprach sie an: »Entschuldigung, kann ich mal dein Gesicht sehen?« »Quatscht du immer Mädchen an?«, fragte sie. »Nein, ich bin eher schüchtern.« Er brachte sie zum Bus.

»Eigentlich lief es ganz gut«, sagt Jonas. Nur ihre Telefonnummer wollte sie ihm nicht geben, er wusste seine nicht auswendig und sein Handy lag zu Hause. Er diktierte ihr seine E-Mail-Adresse. Heute glaubt er, er habe dabei den Unterstrich vergessen.

Jonas hat schon mal Zettel aufgehängt, als er einen Musiker für seine Band suchte, das klappte damals. Also klebte er wieder. Erst am Völkerkundemuseum. Dann recherchierte er: Sie hatte gesagt, dass sie in Hamburg Tourismus studiere. Er fuhr zu jeder Hochschule. Eine Stunde verteilte er täglich seine Zettel, dann schmerzten seine Hände zu sehr vor Kälte. Drei Monate lang hielt er das durch.

Er bekam viele Anrufe und SMS, auch von Männern. Ein Reporter meldete sich, ein Blogger, ein Musiker schrieb, der Zettel inspiriere ihn, er habe ihn in seinen Probenraum gehängt. Jemand schrieb, er sei die hessische Perle. Als Jonas anrief, meldete sich ein Junge, im Hintergrund lachten seine Freunde. Frauen wünschten ihm Glück oder wollten den Mann kennenlernen, der hartnäckig die Liebe sucht.

Anfangs, sagt Jonas, sei ihm das egal gewesen. Später ließ er sich darauf ein, schrieb sich monatelang SMS mit einer Frau. Draus geworden ist nichts.

Jetzt wartet Jonas nicht mehr. Er könne ja nicht sein Leben lang Zettel aufhängen. Er glaubt, die hessische Perle hat seinen Zettel einfach nur nicht gesehen. Diese Vorstellung kann er ertragen.

Hermann, 72, sucht am liebsten eine asiatische Frau

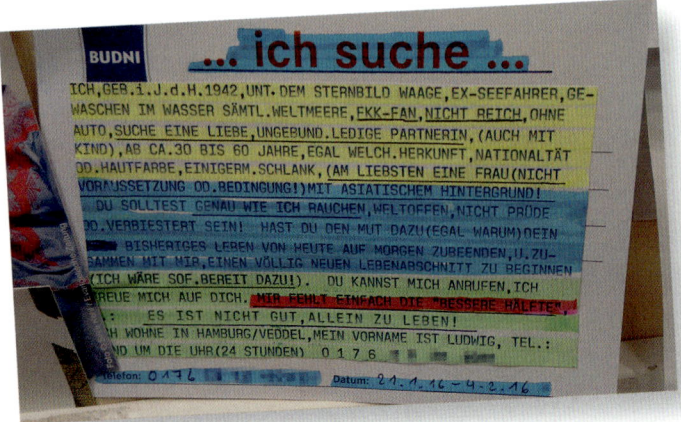

BUDNI ... ich suche ...

ICH,GEB.1.J.d.H.1942,UNT.DEM STERNBILD WAAGE,EX-SEEFAHRER,GE-
WASCHEN IM WASSER SÄMTL.WELTMEERE,FKK-FAN,NICHT REICH,OHNE
AUTO,SUCHE EINE LIEBE,UNGEBUND.LEDIGE PARTNERIN,(AUCH MIT
KIND),AB CA.30 BIS 60 JAHRE,EGAL WELCH.HERKUNFT,NATIONALTÄT
OD.HAUTFARBE,EINIGERM.SCHLANK,(AM LIEBSTEN EINE FRAU(NICHT
VORAUSSETZUNG OD.BEDINGUNG!)MIT ASIATISCHEM HINTERGRUND!
DU SOLLTEST GENAU WIE ICH RAUCHEN,WELTOFFEN,NICHT PRÜDE
OD.VERBIESTERT SEIN! HAST DU DEN MUT DAZU(EGAL WARUM)DEIN
BISHERIGES LEBEN VON HEUTE AUF MORGEN ZUBEENDEN,U.ZU-
SAMMEN MIT MIR,EINEN VÖLLIG NEUEN LEBENABSCHNITT ZU BEGINNEN
(ICH WÄRE SOF.BEREIT DAZU!). DU KANNST MICH ANRUFEN,ICH
FREUE MICH AUF DICH.MIR FEHLT EINFACH DIE BESSERE HÄLFTE!
: ES IST NICHT GUT,ALLEIN ZU LEBEN!
H WOHNE IN HAMBURG/VEDDEL,MEIN VORNAME IST LUDWIG, TEL.:
ND UM DIE UHR(24 STUNDEN) 0 1 7 6
Telefon: 0 1 7 6   Datum: 2 1 . 1 . 1 6 – 4 . 2 . 1 6

CLAUS HESSELING, HAMBURG

Früher war nicht alles besser, aber vieles anders. Hermann
weiß das. Er sagt, heute wisse man ja gar nicht mehr, ob
jemand lesbisch sei oder schwul oder pervers. Hermann ist
74 Jahre alt, Raucher, FKK-Fan, Exseefahrer – und nicht rassistisch oder sonst was angehaucht, sagt er. Mehrmals. Vielleicht weil er weiß, dass sich heute viele an dem stören, was
auf seinem Zettel steht.

Angeblich hat Hermann, der eigentlich anders heißt, ihn
in sämtlichen Supermärkten und Drogerien im Großraum
Hamburg angeklebt, die ein Schwarzes Brett besitzen. Angeblich war Hermann aber auch schon mal tot und regelmäßig bei Altkanzler Schmidt zu Gast, angeblich hat er früher

löffelweise Kaviar gegessen, den echten natürlich. Es könnte also auch nur jeder zweite Supermarkt im Großraum Hamburg gewesen sein oder jeder dritte. Vielleicht waren es auch nur eine Handvoll Zettel.

Mit diesen Zetteln jedenfalls sucht er eine »liebe, ungebundene, ledige Partnerin (auch mit Kind), ab ca. 30 bis 60 Jahre, egal, welcher Herkunft, Nationalität oder Hautfarbe, einigermaßen schlank, am liebsten eine Frau (nicht Voraussetzung oder Bedingung!) mit asiatischem Hintergrund«. Sie sollte, genau wie er, »rauchen, weltoffen, nicht prüde oder verbiestert sein«.

Anfangs will Hermann am Telefon gar nicht über diesen Zettel sprechen, er habe darauf ja schließlich schon alles erklärt. Dann hört er gar nicht mehr auf zu reden. Wie das manchmal bei alten Menschen so ist, denen nicht mehr oft jemand zuhört.

Hermann erzählt, dass er sich früher noch immer und überall eine Zigarette anzünden konnte und das ja heute fast schon ein Verbrechen sei. Er erzählt von seinen drei Exfrauen, an die er schöne Erinnerungen habe und schlechte. Er fasst zusammen: »Wir haben uns gestritten und nicht gestritten. Wie das eben so ist.« Er erzählt von seiner Zeit auf See, dass er ganz oben war und ganz unten im Dreck. Dass er schon mal eine Kontaktanzeige in einer Zeitung aufgegeben habe, dass er einen wunderschönen Brief von einer wunderschönen Frau bekommen habe, besser hätte man ihn nicht schreiben können. Als er anrief, meldete sich eine Partnervermittlung. »Wir besorgen Ihnen bis Ende des Jahres eine Frau, wenn Sie 300 Euro zahlen.« Hermann legte auf.

Hermann sagt, er würde eine Frau nie schlagen können oder etwas gegen ihren Willen tun. Er suche einfach eine bessere Hälfte, jemanden zum Pferde stehlen, jemanden, der zu ihm hält. Und er glaubt, dass er bei einer Frau »aus irgendeinem asiatischen Gebiet« am ehesten findet, was er sucht.

Warum?

»Weil sie im Vergleich zu vielen anderen Frauen eine Eigenart haben, mal mehr, mal weniger. Sie geben dem Mann, mit dem sie zusammen sind, das Gefühl, er sei der Chef. Man denkt also, man sei der Macker, ist es aber gar nicht. In Wahrheit ist sie das.«

Und das ist nicht rassistisch? So eine Eigenart allen Asiatinnen zu unterstellen, mal mehr, mal weniger?

»Nein.«

Die 27-jährige amerikanische Schauspielerin Anna Akana, mit Wurzeln aus irgendeinem asiatischen Gebiet, sieht das ein bisschen anders. In einem YouTube-Video regt sie sich knapp drei Minuten lang über Männer mit »yellow fever« auf, Männer also, die diese süßen, sexy, unschuldigen, dankbaren asiatischen Mädchen mögen. Mehr als drei Millionen Mal wurde das Video bisher angeklickt.

Dabei spreche ja gar nichts dagegen, auf einen bestimmten Typ Mensch zu stehen. Aber Männer mit dem »gelben Fieber« hätten dabei eben nur ein Kriterium: die Hautfarbe. »Das ist billig. Das ist beleidigend. Das macht mich sauer.« Sie empfiehlt diesen Männern bei der Partnersuche eine andere Strategie: »Warum kommen die Männer nicht und sagen: ›Ich bin ein rassistisches Arschloch.‹ Da würdest du wenigstens denken: Oh, das ist ehrlich. Das ist cool.«

Hermann hat offenbar noch nicht ganz so hohes gelbes Fieber, denn letztlich sagt er: »Ob gelb, rot, braun oder schwarz ist mir egal.« Er redet viel und freundlich, wer eine Frage hat, muss ihn schon unterbrechen, denn Pausen macht er keine.

Viele Menschen hätten ihn wegen des Zettels angerufen, sagt Hermann, 40 seien es sicher gewesen. Darunter einige Kinder, die ihn ärgern wollten, und viele Frauen, mit einigen habe er sich schon getroffen. Die schwarze Frau aus Mombasa zum Beispiel habe ihm gefallen – bis sie gesagt habe, dass sie seit vier Jahren illegal in Deutschland lebe.

Hermann sagt, er gebe die Hoffnung nicht auf. Er sei schließlich ein zielstrebiger Mensch. Und wahrscheinlich ist er auch wirklich nur ein alter Mann, der noch einmal die große Liebe sucht, bis dass der Tod sie scheidet. Ein Mann, der sagt: »Ich komme nicht aus dieser Zeit.«

In dieser Zeit hängt eben kaum jemand mehr seine mehr oder weniger abseitigen Vorlieben mit Namen und Handynummer ans Schwarze Brett eines Supermarkts. Heute füllen Männer und Frauen Fragebögen zum Traumpartner auf Datingportalen aus. Das ist mitunter nicht weniger seltsam, aber immerhin weniger öffentlich.

Jens J. Parrée, Köln

Jan Strozyk, Hamburg

SUCHE FRAU
MIT GELD DIE
MICH EHELICHEN
MÖCHTE!
SCHULDEN HABE ICH
SELBER!

Theo Lüpke-Narberhaus, Osnabrück

Torben, 27, sucht Sex statt Liebe

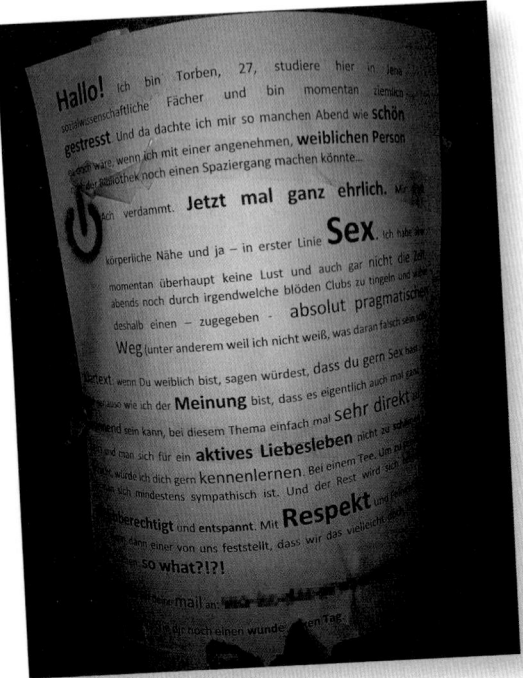

Hallo! Ich bin Torben, 27, studiere hier in Jena sozialwissenschaftliche Fächer und bin momentan ziemlich **gestresst.** Und da dachte ich mir so manchen Abend wie **schön** es doch wäre, wenn ich mit einer angenehmen, **weiblichen Person** in der Bibliothek noch einen Spaziergang machen könnte... Ach verdammt. **Jetzt mal ganz ehrlich.** Mir geht es um körperliche Nähe und ja – in erster Linie **Sex.** Ich habe aber momentan überhaupt keine Lust und auch gar nicht die Zeit, abends noch durch irgendwelche blöden Clubs zu tingeln und wähle deshalb einen – zugegeben - **absolut pragmatischen** **Weg** (unter anderem weil ich nicht weiß, was daran falsch sein soll). Klartext: wenn Du weiblich bist, sagen würdest, dass du gern Sex hast und also wie ich der **Meinung** bist, dass es eigentlich auch mal ganz entspannend sein kann, bei diesem Thema einfach mal **sehr direkt** zu sein und man sich für ein **aktives Liebesleben** nicht zu schämen braucht, würde ich dich gern **kennenlernen.** Bei einem Tee. Um zu schauen, ob man sich mindestens sympathisch ist. Und der Rest wird sich zeigen. Ganz **unberechtigt** und entspannt. Mit **Respekt** und falls dann einer von uns feststellt, dass wir das vielleicht doch... **so what?!?!** Schreib mir doch einfach eine mail an: [...] Ich wünsche dir noch einen wunderschönen Tag.

JAN-HENRIK WIEBE, JENA

Er kannte es nicht mehr, allein ins Bett zu gehen. Meist schlief Freundin eins neben ihm oder Freundin zwei. Nun war es so, dass Freundin eins bei ihrem Zweitfreund in Leipzig weilte und Freundin zwei in Berlin. Was also tun?

Torben, der eigentlich anders heißt, schrieb einen Zettel. Klar, im Netz hätte er auch eine Frau finden können, die nur

Sex will, nicht mehr. Portale gibt es genug. Nur fühlt er sich dort wie auf Partys in den Morgenstunden: Ein paar bleiben immer übrig.

Früher, erzählt Torben, liebte er nur eine Freundin. Irgendwann gestand sie ihm, dass sie Lust auf eine Frau habe. Warum also kein Dreier? Nur fanden sie keine, die mitmachte. Er fragte seine Freundin: »Würdest du allein mit einer anderen Frau schlafen?« »Ja«, sagte sie. »Auch mit einem anderen Typen?« »Ja«. »Und du?« Torben nickte und spürte, dieser Moment würde sein Leben ändern.

Seit rund sechs Jahren lebt Torben mit dieser Freundin in einer polyamourösen Partnerschaft. Das »amourös« ist ihm wichtig, es geht um Liebe, weniger um Sex. Er hat eine primäre und eine sekundäre Beziehung, so nennt er das. Ein Partner erfordert schon Organisation, das Leben mit zwei Partnern klingt fast bürokratisch. Vielleicht hilft das, die Eifersucht zu zügeln. Torben sagt, er kenne keinen, der so eifersüchtig sei wie er.

Torben sagt, er brauche eine Art Hierarchie: Die primäre Beziehung bezeichnet er als Sockel, von dem aus er zu Exkursionen aufbricht – manchmal auch nur zu Sex. Mit seiner Erstfreundin redet er über Kinder, er bespricht Wohnortwechsel und Jahresurlaube. »Die Zweitfreundin hat weniger Interventionsrechte«, sagt er, »trotzdem erlebe ich auch mit ihr heftigste Gefühle.«

Torben beschäftigt sich viel mit Polyamory, hat schon wissenschaftliche Arbeiten dazu geschrieben, dementsprechend ruhig und reflektiert spricht er. Er glaubt, dass viele Menschen so fühlen wie er, sich aber nur wenige trauen, das auszuleben. Was sollen denn die Leute sagen?

Dabei gab es die Vielliebelei schon immer, nur hieß sie jeweils anders: offene Beziehung, Harem, freie Liebe. Rainer Langhans liebte viele, Jean-Paul Sartre und Simone de Beauvoir erlaubten sich »Zufallslieben«, Tom Tykwer drehte einen Film, der *Drei* heißt.

Bevor Torben den Zettel in Jena verteilte, schickte er ihn zum Gegenlesen an Freundin eins und zwei. Alles gut, fanden sie. In Jena kennt man sich, deswegen sollte ihn keiner sehen, zu viel Getratsche, er will sich auch nicht immer verteidigen müssen. Also schlich Torben sich Anfang des Jahres nachts aus der WG, in der Hand den Zettel:

»Hallo! Ich bin Torben, 27, studiere hier in Jena sozialwissenschaftliche Fächer und bin momentan ziemlich gestresst. Und da dachte ich mir so manchen Abend, wie schön es doch wäre, wenn ich mit einer angenehmen, weiblichen Person nach der Bibliothek noch einen Spaziergang machen könnte …

Ach verdammt. Jetzt mal ganz ehrlich. Mir fehlt körperliche Nähe und ja – in erster Linie Sex. Ich habe aber momentan überhaupt keine Lust und auch gar nicht die Zeit, abends noch durch irgendwelche blöden Clubs zu tingeln, und wähle deshalb einen – zugegeben – absolut pragmatischen Weg (unter anderem weil ich nicht weiß, was daran falsch sein soll).

Klartext: Wenn du weiblich bist, sagen würdest, dass du gern Sex hast, und genauso wie ich der Meinung bist, dass es eigentlich auch mal ganz spannend sein kann, bei diesem Thema einfach mal sehr direkt zu sein, und man sich für ein aktives Liebesleben nicht zu schämen braucht, würde ich dich gern kennenlernen. Bei einem Tee. Um zu sehen, ob man sich mindestens sympathisch ist. Und der Rest wird sich zeigen, gleichberechtigt und entspannt. Mit Respekt und Feingefühl. Und wenn dann einer von uns feststellt, dass wir das vielleicht doch besser lassen sollten: so what?!?!

Ich freue mich auf deine Mail an: wo-ist-das-problem@ web.de und wünsche dir noch einen wunderbaren Tag.«

25 Zettel platzierte er in der Stadt, lang hingen sie nicht. Vielen gefällt nicht, was Torben sucht. Notgeil nennen sie Menschen wie ihn. Mindestens klein, dick und hässlich.

Als Soziologe betrachtet Torben den Zettel auch als großes Experiment. Er sagt, er würde gern einen Diskurs anstoßen: Warum dürfen Männer mit vielen Frauen Sex haben, Frauen aber nicht mit vielen Männern? Wie wollen wir überhaupt lieben?

Manch eine Frau empfahl ihm nach der Lektüre des Zettels eine Prostituierte, sagte, er sei beziehungsunfähig, stehe prototypisch für eine erkaltete Gesellschaft. Andere gratulierten ihm: »Witzig, ehrlich, mutig«, schrieben sie. Endlich mal einer, der ausspricht, was viele wollen. Spaß ohne Liebe, Hochzeit, Doppelhaushälfte und Kiesauffahrt.

Er habe dank des Zettels viel Spaß gehabt, sagt Torben. Nicht nur einmal. Frauen seien eben nicht nur keusch, brav und treu. Mehr sagt er nicht. So hat er es ja auch auf dem Zettel versprochen: »mit Respekt und Feingefühl«.

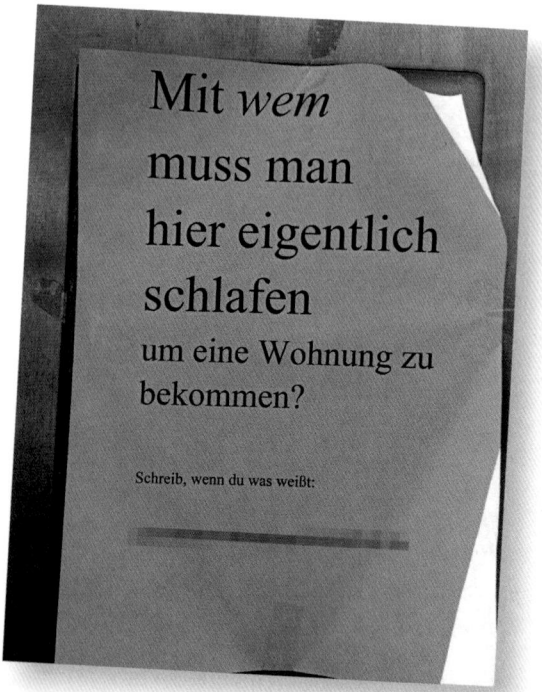

Mit *wem* muss man hier eigentlich schlafen um eine Wohnung zu bekommen?

Schreib, wenn du was weißt:

ARLETTE ANDRAE, HAMBURG

Wer in Hamburg ein Zimmer sucht, braucht Geduld, Geld und Glück. Lisa, die eigentlich anders heißt, hat nichts davon. Nicht mehr. Sie sagt: Die WG-Suche gleiche russischem Roulette. So gesehen, habe sie sich mehrmals angeschossen.

Ihr erster Hamburger Mitbewohner fing irgendwann an, Obdachlose, Punks und deren Hunde in die Wohnung einzuladen. Ihre zweite Mitbewohnerin hatte einen eifersüchtigen Freund, er war oft betrunken. Derzeit lebt sie bei Kiffern. Die würden sie wenigstens nicht bedrohen, sagt Lisa. Wobei sie schon ein Paar Schuhe von ihr verkauft hätten. Einfach so. Aber, sagt Lisa, sie wolle mal nicht so sein.

Vielmehr ärgert sich Lisa über die Stadt und ihren Wohnungsmarkt, gut abgeschottet gegenüber Geringverdienern. Sie wollte sich rächen an dieser Stadt, die ihr das Ankommen so schwer macht. Deswegen klebte sie einen Zettel an die Wände des gut saturierten Hamburgs: »Mit wem muss man hier eigentlich schlafen, um eine Wohnung zu bekommen?«

Ein Zimmer hat sie so nicht gefunden. Nur ein Mann meldete sich, der sich über ihre Frage amüsiert hatte. Lisa will Hamburg jetzt verlassen. Und ihre Zeit hier am liebsten vergessen.

Vater in Sorge sucht......

......für unsere Kleine ein trockenes Kinderzimmer! Ihr altes hat leider einen ~~Feuchtigkeitsschaden!~~ Da unsere Tochter aber noch zu klein ist (0 J.), müssten wir, solvente kfm. Festangestelte und Moderator, als Eltern mit einziehen. Gerne in Eimsbüttel und Umgebung! Alles ab 3-Zimmer Altbau, ab 55qm, gerne Balkon.....

... (bei erfolgreicher Vermittlung) (0172-..... **200,-€ VERMITTLUNGSPRÄMIE**

......Unsere Tochter freut sich schon JETZT ......über Eure Nachrichten!!

FRAUKE LÜPKE-NARBERHAUS, HAMBURG

Hamburger können ganze Abende füllen mit Anekdoten von der Wohnungssuche. Recht unterhaltsam klingen die Geschichten von jenen, die sich schön eingerichtet haben in ihrer Altbauwohnung mit Hamburger Kacheln in der Küche und Craft Beer im Kühlschrank. Sie haben schon Abstand gewonnen zu den Fragebögen, in denen sie einst Rasse und Alter eventueller Haustiere eintragen mussten, zu den Maklern mit kariertem Jackett und Fliege, zu den Mitbewerber-Müttern mit hohem Stimmchen und goldener Handtasche. Sie freuen sich, dass sie nur 11 Euro Kaltmiete pro Quadratmeter zahlen und keine 15, und sie schwören, dass sie ihre Wohnung nie mehr verlassen werden.

Das funktioniert, solange sich nichts Entscheidendes ändert im Leben oder in der Wohnung. Bei Alexandra, 41, änderte sich beides: Erst durchnässten die Wände ihrer Wohnung, dann bekam sie ein Kind.

Alexandra lebt seit fast zehn Jahren in Eimsbüttel, damals lag der Mietspiegel hier noch unter zehn Euro pro Quadratmeter. Sie fühlt sich wohl, sie mag die Cafés, die Altbauten, die Menschen, sie kommt schnell zur U-Bahn, von dort zum Bahnhof und von dort zu ihrer Arbeit nach Bremen. Und sie hat für ihre Tochter Hedi, fünf Monate, einen Krippenplatz in der Nähe bekommen. Auch nicht so leicht in Hamburg.

Ihre Wohnung liegt im Erdgeschoss, schon vor Jahren saugte sich Wasser die Wände hoch. Damals, erzählt Alexandra, handelte ihr Vermieter erst, als sie einen Anwalt nahm. Eine Zeit lang hatten sie Ruhe, doch dann kam die Feuchtigkeit zurück. Diesmal ging es nicht nur um sie und ihren Freund, sondern auch um Hedi, ein paar Wochen alt.

Eine Baufirma maß 100 Prozent Wasser in den Wänden, ein Hydrometer bis zu 80, statt der empfohlenen 60 Prozent Feuchtigkeit in der Luft und ein Thermometer viel zu oft Fieber bei Hedi. Und dann stand da noch dieser Bunker im Vorgarten, Sprengungen sollten in den nächsten Monaten die 1,20 Meter dicken Außenwände lockern, damit der Bunker einem Neubau weichen kann. Alexandra und ihr Freund wollten weg hier, und zwar schnell.

Also taten sie das, was die meisten Hamburger tun, die eine neue Wohnung wollen: Sie streuten ihre Wohnungssuche erst bei Freunden und Bekannten, dann bei Facebook, dann sprachen sie mit einem Makler, meldeten sich bei Immobilienscout, Immonet und Immowelt an. Und irgendwann hängten sie zwei Dutzend Zettel auf:

»Vater in Sorge sucht...

...für unsere Kleine ein trockenes Kinderzimmer! Ihr altes hat leider einen Feuchtigkeitsschaden. Da unsere Tochter aber noch zu klein ist (o. J.), müssten wir, solvente kfm. Festangestellte und Moderator, als Eltern mit einziehen. Gerne in Eimsbüttel und Umgebung! Alles ab 3-Zimmer-Altbau, ab 55 qm, gern Balkon...

...Unsere Tochter freut sich schon JETZT über eure Nachrichten!«

Der Rücklauf? Mäßig. Drei Menschen riefen an. Andere erkannten sie im Café und bedankten sich für den amüsanten Zettel. Oh, bitte, ja, hmm, lustig. Geht so. Auch bei Facebook und den Portalen tat sich wenig: Wenn Angebote reinkamen, dann aus Horn, Barmbek-Süd und Hamm. Allein aus logistischen Gründen könnten sie dort gar nicht hinziehen, sagt Alexandra, der Krippenplatz in Eimsbüttel, die Arbeit in Bremen. Und, ganz ehrlich, sie wollen Eimsbüttel mit seinen schönen Cafés, Altbauten und Geschäften auch gar nicht verlassen.

Ist das verwerflich? Ein Luxusproblem? Andererseits: Was wäre Eimsbüttel für ein Getto, wenn hier keine Familien leben könnten? Warum sollen ausgerechnet sie jene Viertel verlassen, in denen die Lebensqualität am höchsten ist? Die Reichen können sich dieses Leben leisten, die Armen manchmal auch, wenn sie eine Sozialwohnung bekommen – nur die Mittelschichtsfamilien haben eben Pech, weil sie weder zu viel noch zu wenig Geld haben.

Alexandra und ihr Freund haben einige Wohnungen besichtigt, die sie gern genommen hätten: 3-Zimmer-Altbau, um die 70 Quadratmeter, erster Stock, rund 1000 Euro warm. Bekommen haben sie sie nicht. Obwohl Alexandra inzwischen, wie sie sagt, eine stattliche Bewerbungsmappe angelegt hat: Titelblatt mit Fotos plus Anschreiben, 14 Gehaltsabrechnungen, Schufa-Auskunft, Vormieterbescheinigung, Bürgschaft, Sparbuchkopie und 4000-Euro-netto-Haushaltseinkommen. Sie sei sogar bereit gewesen, sechs Monate im Voraus Miete zu zahlen. Abgelehnt.

Warum? Alexandra vermutet, es liegt an ihrer Elternzeit, ihr Freund arbeitet selbstständig, hinzu kommt Hedi. Eine Vermieterin habe sogar zugegeben, dass es daran läge, sagt Alexandra. Und: »Wir sind verzweifelt.«

Vor der nächsten Wohnungsbesichtigung will sie 3000 Euro von ihrem Konto abheben. Vielleicht, hofft sie, lässt sich der Makler mit Fliege davon beeindrucken.

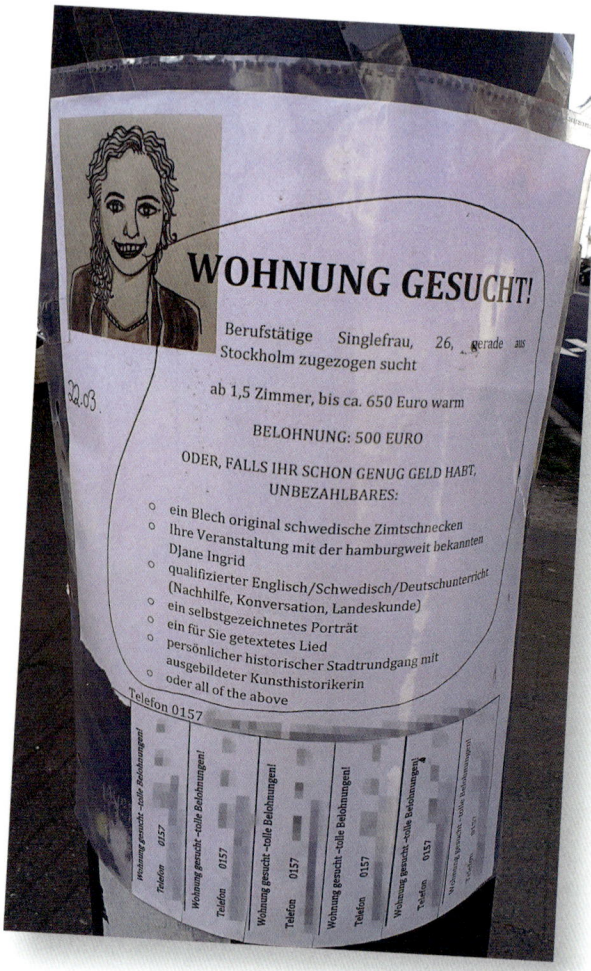

WOHNUNG GESUCHT!

Berufstätige Singlefrau, 26, gerade aus Stockholm zugezogen sucht

ab 1,5 Zimmer, bis ca. 650 Euro warm

BELOHNUNG: 500 EURO

ODER, FALLS IHR SCHON GENUG GELD HABT, UNBEZAHLBARES:

- ein Blech original schwedische Zimtschnecken
- Ihre Veranstaltung mit der hamburgweit bekannten DJane Ingrid
- qualifizierter Englisch/Schwedisch/Deutschunterricht (Nachhilfe, Konversation, Landeskunde)
- ein selbstgezeichnetes Porträt
- ein für Sie getextetes Lied
- persönlicher historischer Stadtrundgang mit ausgebildeter Kunsthistorikerin
- oder all of the above

Telefon 0157

Wohnung gesucht -tolle Belohnungen!
Telefon 0157

Wohnung gesucht -tolle Belohnungen!
Telefon 0157

Wohnung gesucht -tolle Belohnungen!
Telefon 0157

Wohnung gesucht -tolle Belohnungen!
Telefon 0157

Wohnung gesucht -tolle Belohnungen!
Telefon 0157

Wohnung gesucht -tolle Belohnungen!

MARTIN FUCHS, HAMBURG

Müller, Meier, Schmidt finden oft schneller eine Wohnung als Yılmaz, Nguyen und Rudzinski. Das gilt auch bei der Jobsuche, wie wissenschaftliche Studien immer wieder zeigen, leider. Aber nicht alle Ausländer haben es schwer bei der Zimmersuche, Schweden etwa haben es ziemlich leicht. Oder Deutsche, die sich als Schweden ausgeben. So wie Helen zum Beispiel.

Die gebürtige Heidelbergerin Helen, 26, hat eine Weile in Stockholm gelebt und gearbeitet. Schon als Kind war sie ganz verliebt in Schweden, ein Faible, das sie mit vielen Deutschen teilt, Villa Kunterbunt, Bullerbü, Elche, diese Natur, alles so niedlich und friedlich.

Im Frühjahr zog sie für einen Job nach Hamburg. In Stockholm ist es auch nicht leicht, eine Wohnung zu finden, deswegen dachte Helen, sie sei abgehärtet. Ein Trugschluss. Sie fand zunächst nur etwas zur Zwischenmiete, und öffentlich auf Immobilien-Portalen ausgeschriebene Besichtigungen frustrierten sie schnell, verständlich bei 100 bis 200 Interessenten pro Wohnung. Deswegen wollte sie es mit einem Zettel versuchen, mit einem, der auffiel.

Sie wusste:

- Hamburger sind ganz vernarrt in Schweden. Das musste sie ausnutzen. »Playing the sweden Card«, nennt Helen das.
- Vermieter bevorzugen Singles, Familien mögen sie nicht so.
- Hamburger lieben und feiern ihre schönste Stadt der Welt. Also musste sie so tun, als sei sie auch froh, endlich, endlich in Hamburg, meiner Perle, angekommen zu sein. (Dabei vermisste sie Stockholm wahnsinnig.)

- Geld hilft oft.
- Wer schon genug Geld hat, den überzeugen vielleicht andere Boni.

Also schrieb und gestaltete sie mit ihrer Freundin Ingrid diesen Zettel, den sie rund zehnmal in Hamburg aufhängte:
»Berufstätige Singlefrau, 26, gerade aus Stockholm zugezogen, sucht ab 1,5 Zimmer, bis ca. 600 Euro warm. Belohnung: 500 Euro. ODER FALLS IHR SCHON GENUG GELD HABT, UNBEZAHLBARES:
- Ein Blech original schwedischer Zimtschnecken
- Ihre Veranstaltung mit der hamburgweit bekannten Djane Ingrid
- Qualifizierter Englisch-/Schwedisch-/Deutschunterricht
- Ein selbst gezeichnetes Porträt
- Ein für Sie getextetes Lied
- Persönlich-historischer Stadtrundgang mit ausgebildeter Kunsthistorikerin
- Oder all of the above«
Dazu die E-Mail-Adresse: endlichinHamburg@...
Und tatsächlich boten ihr schnell zwei, drei Menschen eine Wohnung an, die lagen aber recht weit draußen. Es passierte aber noch mehr.

Denn was Helen bei all ihren Überlegungen nicht bedacht hatte: Auch Männer ohne Wohnung interessieren sich für Singlefrauen aus Stockholm. Zwei Hamburger schrieben ihr sogar auf Schwedisch: »Tyvärr kan jag inte erbjuda dig en bostad...varför jag skriver dig?« Er könne zwar leider keine Wohnung anbieten, habe sich habe vorgenommen, jede Woche etwas zu tun, das er noch nie getan hat. So habe er schon eine fremde Person in der Bahn gegrüßt oder jemanden zum Kaffee eingeladen, heute schreibe er eben einer Frau, die er nicht kenne. »Ein wenig speziell, aber warum nicht?« Ein paarmal schrieben sie hin und her, danach verlor es sich.

Was Helen bei all ihren Überlegungen darüber hinaus nicht bedacht hatte: Auch Menschen, die ein bisschen einsam und irre sind, interessieren sich für vermeintliche Schwedinnen, die so freundliche Zettel aushängen, noch dazu mit einem selbst gezeichneten Porträt.

Helen bekam jetzt regelmäßig SMS von einer fremden Frau, deren Wohnung sie sich eigentlich zur Nachmiete anschauen wollte, zum Besichtigungstermin war die Frau allerdings nicht erschienen. Die Frau schrieb in ihren Nachrichten zum Beispiel, dass sie ihr Referendariat fortsetzen werde. Dass sie heftig enttäuscht worden sei. Dass ihr eine Räumungsklage drohe. Dass Obama das bereits alles wisse. :-* LG

Geantwortet hat Helen nur einmal, danach nicht mehr. Nach etwa drei Monaten sprach ihr die Frau auf die Mailbox: »Ich habe inzwischen ein Seminar gemacht und komme jetzt mit meinen Leben klar und wollte mich noch mal bei dir bedanken!« Danach hörte Helen nie wieder was von ihr.

Zu dem Zeitpunkt hatte Helen längst eine Wohnung gefunden. Sie hatte in der schwedischen Kirche in Hamburg einen zweiten Zettel ausgehängt, diesmal sicherheitshalber etwas kürzer und seriöser. Hat funktioniert.

Was steht auf dem perfekten Zettel, Herr Fritsche?

Christian Fritsche, Jahrgang 1976, arbeitet seit 15 Jahren in der Werbebranche, lange war er bei Jung von Matt, zurzeit ist er Creative Director von Scholz & Friends. Wenn einer was von Sprache versteht, dann er.

Zettelgold: Sie arbeiten in der Werbung und versuchen täglich, Menschen mit Worten zu verführen. Zukünftige Zettelschreiber können also einiges von Ihnen lernen, deswegen die Bitte: Stellen Sie sich vor, Sie suchen via Zettel in Hamburg eine Wohnung. Wie würden Sie vorgehen?

Fritsche: Nicht anders, als wenn ich für eine Marke eine Kampagne entwickle. Ich stelle mir Fragen: Wen will ich ansprechen? Wer kann mir geben, was ich haben möchte? Wie erreiche ich das? Also auch die Frage: Warum sollte sich jemand die Arbeit machen, auf meinen Zettel zu reagieren?

Weil er ein netter Mensch ist?

Manchmal mag es bei Zettelaushängen funktionieren, an Emotionen zu appellieren. In diesem Fall würde ich es mit Geld versuchen. Einer meiner Kollegen hat eine Wohnung gefunden, indem er auf seinem Zettel 1000 Euro Belohnung versprochen hat. Das ist ein konsequentes Vorgehen.

Hat Ihr Zettel ein Foto oder nicht?

Kein Foto.

Aber die Wahrnehmungspsychologie sagt doch, dass Gesichter Aufmerksamkeit erregen.

Ja, aber ein Foto unterstellt der Zielgruppe, sie würde sich davon leiten und beeinflussen lassen. Für manche Nachbarschaften mag anderes gelten: In Prenzlauer Berg zum Beispiel, wo viele Familien wohnen, finde ich einen Zettel mit dem Foto eines Babys oder eines Haustiers okay.

Zettel und Werbeplakate hängen im öffentlichen Raum und wollen möglichst viele Menschen erreichen. Wie viel Werbung steckt in privaten Zettelaushängen?

100 Prozent. Ich werbe ja dafür, dass mein Anliegen erhört wird.

Sie sagen, Sie würden sich vor dem Schreiben ein paar Fragen stellen, genau wie Werbetexter: Sie überlegen sich, wen Sie erreichen wollen, dann analysieren Sie den Markt, den Verbraucher und das Potenzial des Angebots. Sollte ein Zettelschreiber sich auch zur Klausur zurückziehen, bevor er sein Anliegen auf die Straße bringt?

Ja, wenn damit gemeint ist, dass man einmal kurz konzentriert darüber nachdenkt. Diese Klausur kann ja einen Zeitraum von drei Minuten umfassen und muss nicht in Wildbad Kreuth, sondern kann auch unter der Dusche stattfinden.

Welche Fragen sollte sich ein Zettelschreiber noch stellen?

Wer Zeit hat, kann noch mal einen Schritt zurückgehen und seine Ziele überprüfen: Was will ich überhaupt? Also zum Beispiel: Will ich wirklich, dass mir ein Dieb mein Fahrrad zurückbringt? Oder will ich nur einen lustigen Zettel schreiben und damit bei Facebook punkten?

Viele Likes auf Facebook sind ja aber auch ganz nett.

Natürlich, dann sollte man aber auch diese Strategie konsequent verfolgen. Ansonsten gibt es ein Durcheinander.

Sie unterrichten auch an der Hamburger Texterschmiede, einer Schule für Texter und Konzeptioner. Welche No-Gos zeigen Sie Ihren Schülern auf?

Ein Texter sollte niemals seine Intelligenz oder besondere Facetten seiner Persönlichkeit in den Vordergrund stellen, wenn er nicht damit die Sache in diesem Moment weiterbringt. Zudem sollte ein Texter sich permanent fragen: Verstehe nur ich das, oder versteht das auch der Empfänger? Gerade Berufsanfänger können sich oft nicht von der eigenen Person lösen.

Sprache kann rühren, polarisieren, verärgern. Wo stößt Sprache an ihre Grenzen?

In der Modewerbung zum Beispiel arbeiten die teuren, vermeintlich coolen Marken meist ohne Text. Ich halte das für eine gute Idee, weil Sprache hier zu nichts führt. Status und Coolness sind sehr sensible Themen. Worte können hier leicht die Magie zerstören, die ein spannend inszeniertes und fotografiertes Model aufgebaut hat. Wie sehr Worte entweihen können, kennt man ja auch im Zusammenhang mit Sexualität: Beim Geschlechtsverkehr machen sich bei den meisten Menschen Dialoge auch nicht so richtig gut. Ein weiteres Beispiel, wo Sprache die Kommunikation schwächen kann, wäre die Werbung für Audi. Hier wurde lange Jahre mit kühlen Technikinszenierungen gearbeitet, ohne Geschichten aus dem Leben, ohne Menschen abzubilden. Die soziale Verortung entfällt. Da bleibt dann die Marke für alle Technikinteressierten attraktiv, und zwar milieuübergreifend vom einfachen Arbeiter bis zum Großintellektuellen.

Dagegen gibt es kaum Zettel, die komplett ohne Sprache funktionieren. Dieser Zettel ist schon sehr minimalistisch:

großes Foto, wenig Text. Die genaue Botschaft verstehen wohl nur der Sender und ein Empfänger. Alle anderen werden ausgeschlossen und fragen sich: Geht es um Liebe?

FRAUKE LÜPKE-NARBERHAUS, HAMBURG

Ja, um Liebe. Das habe ich auch gedacht – und gehofft. Ansonsten wäre der Zettel völlig unverständlich.
Wenn Sie privat durch die Stadt spazieren, was nehmen Sie als Erstes wahr?

Vielleicht bin ich nicht ganz normal, aber ich bin süchtig nach dem Anblick von Gesichtern. Wenn ich in der Stadt unterwegs bin, bin ich oft der Einzige, der anderen Menschen ins Gesicht schaut – und keiner guckt zurück. Ich habe mich schon oft gefragt, warum das so ist. Ich bin kein Model, aber ich bin auch nicht »The Elephant Man«, daran liegt es also nicht.

Bestimmt wegen der vielen Zettelschätze in der Stadt, die alle Aufmerksamkeit auf sich ziehen...Welche fallen Ihnen auf?

Ich freue mich über alle, deswegen lese ich sie auf der Straße eigentlich auch immer. Anders ist das bei Facebook: Dort wird man mit Zetteln ja fast schon zugespamt. Das finde ich nicht mehr so spannend.

Vergessen wir also Facebook und schauen auf die Straße: Über welche Zettel oder Botschaften Ihrer Mitmenschen freuen Sie sich da besonders?

Über solche, die zeigen, dass unsere Welt noch nicht ganz kaputt ist. »Mein Rad wurde gestohlen, ich bring Dich um!« – solche Zettel sind doppelt scheiße. Erstens wurde das Rad gestohlen, zweitens hat deswegen jemand Rachegelüste. Selbst wenn der Zettel lustig geschrieben ist, freue ich mich nicht darüber.

Erinnern Sie sich noch, wann Sie zuletzt einen Zettel entdeckt haben, der Sie nicht an der Welt hat verzweifeln lassen?

Kürzlich im Thailandurlaub habe ich einen Zettel fotografiert: »Weltumsegler gesucht.« Da hat jemand wirklich vorgeschlagen, man könnte zusammen über den Indischen Ozean segeln. Das hat mich bewegt.

CHRISTIAN FRITSCHE

Als Creative Director arbeiten Sie beruflich mit Botschaften, deswegen die abschließende Bitte: Wie bewerten Sie diese Zettel aus der Texterperspektive?

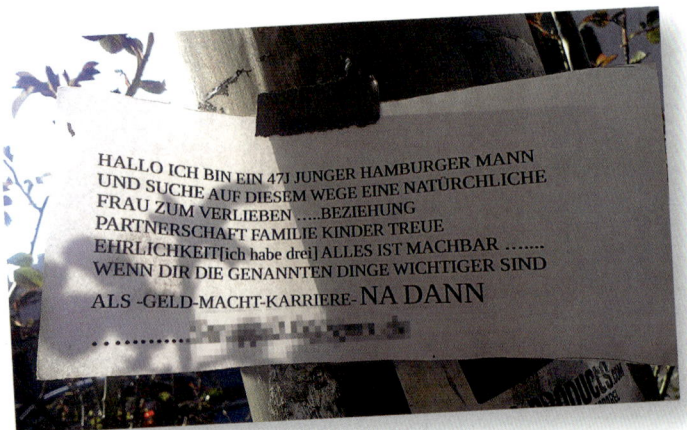

HALLO ICH BIN EIN 47J JUNGER HAMBURGER MANN
UND SUCHE AUF DIESEM WEGE EINE NATÜRLICHE
FRAU ZUM VERLIEBEN .....BEZIEHUNG
PARTNERSCHAFT FAMILIE KINDER TREUE
EHRLICHKEIT[ich habe drei] ALLES IST MACHBAR ....
WENN DIR DIE GENANNTEN DINGE WICHTIGER SIND

ALS -GELD-MACHT-KARRIERE- NA DANN

....

HAMBURG

Dieser Zettel hat mich berührt. Wenn Leute einfach ehrlich sind und man so in die Psyche eines Menschen blicken kann – solange die eben nicht allzu negativ ist, freue ich mich darüber. Was hat Struppi denn selbst zu dem Zettel gesagt?

Leider wollte Struppi nicht über den Zettel sprechen. Er schrieb nur eine E-Mail: »Ich frage mich, was es da noch zu bereden gibt????? Ich habe leider null erfolg gehabt, mit meiner zettel aktion... Ich habe es auch über ONLINE-DATING versucht aber das ist mir irgendwie zu komisch und unpersönlich, mal abgesehen davon das es GELD kostet... ich starte jetzt nochmal ein versuch mit einem neuen ZETTEL... mache mir da aber nicht allzuviel hoffnungen... Fallst sie nen guten tip für mich haben??????«

Das ist ja schrecklich. Er hat sich bei dem Zettel auch von

seiner persönlichen Schwäche übermannen lassen. Am Ende schreit er diesen Frust plötzlich heraus. Mich würde interessieren: Wusste er zu Beginn des Zettels schon, was er am Ende schreiben wird? Oder ist ihm das währenddessen eingefallen? Ich glaube jedenfalls, dass so ein negativer Rausschmeißer am Ende eher nicht hilft.

Bei diesem Zettel musste ich lachen, denn da fühlte ich mich ein bisschen ertappt. Deswegen glaube ich, dass dieser Zettel funktioniert: Der Humor entwaffnet.

Der Maibaumzettel hingegen ist wenig zielführend. Bei ihm vermisse ich eine klare Strategie. Hier hat die Persönlichkeit das Ziel überstrahlt: Die Person war wahrscheinlich verliebt in die Tatsache, dass sie etwas Witziges schreiben kann. Dadurch bleibt aber unklar: Will er wirklich den Maibaum zurück, oder will er etwas ganz anderes erreichen? Eigentlich gibt es ja durchaus die Hoffnung, dass jemand den Baum zurückbringt – anders als bei einem teuren Fahrrad zum Beispiel. Einerseits bezeichnet er den Dieb als »DU ARSCH«, andererseits endet der Zettel mit »Diese Verwünschung wird aufgehoben, sobald der Baum im original Zustand wieder hier steht«. Ein vergurkter Versuch: Welcher Dieb würde darauf reagieren?

Wie würden Sie stattdessen vorgehen?

Ich würde mich fragen: Was würde den Dieb wirklich dazu bewegen, den Baum zurückzubringen? Was würde mich motivieren? Bei mir persönlich würden Mitleid und Rührung funktionieren. Also etwas wie: »Du hast meinen Maibaum gestohlen, vermutlich ist er wichtig für Dich. Was Du nicht weißt: Für mich ist er noch wichtiger. Denn es war ein Geschenk meiner Tochter.« Das wäre eine klare, konsequente Strategie.

An denjenigen, der in der Nacht zum 1. Mai MEINEN **Maibaum** **gestohlen** hat:

Ich wünsche Dir ein Lebenslängliches Single-Dasein aufgrund von Mundgeruch, Fußpilz, Blasenschwäche und starken Errektionsproblemen!!! DU ARSCH!

Ps. Diese Verwünschung wird aufgehoben, sobald der Baum im original Zustand wieder hier steht!

JULIA EISENBERG, AACHEN

Ein ähnliches Muster sehen wir hier: Der Schreiber hätte besser bei der Mitleidsschiene bleiben und die Beschimpfungen weglassen sollen. So wirkt der Zettel eher, als habe ihn jemand nur geschrieben und aufgehängt, um ihn bei Facebook posten zu können: »Guck mal, so witzige Zettel schreibe ich.« Da will sich jemand produzieren.

DU BLÖDER FAHRRADDIEB !

Das sind unsere Oldie-Räder, von Oma geerbt, dass ist kein Schrott!
Du hast bis Ende Mai Zeit sie zurück zu bringen, sonst trifft dich unser Zorn und der ist nachhaltig.
Wenn du nicht mehr schlafen kannst, wenn du Tage hast, an denen nichts gelingt, wenn sich deine Freunde von dir abwenden.
Dann sind wir das, eine Familie aus Eimsbüttel, die leider nicht viel zu verschenken, aber für Raddiebe viele schlechte Schwingungen übrig hat.
Voodoo können wir auch........!

Wenn du einen schönen Sommer willst, bring die Räder zurück!

THEO LÜPKE-NARBERHAUS, HAMBURG

Dieser Zettel hat tatsächlich im Internet sehr gut funktioniert. Das Fahrrad bringt das nicht zurück, dafür gibt es viel Applaus auf Facebook, Instagram und Twitter. Inzwischen findet man einige Zettel auf der Straße, die vermutlich ausschließlich für den Facebook-Fame existieren. Nächstes Beispiel: »An all die Arschlöcher.«

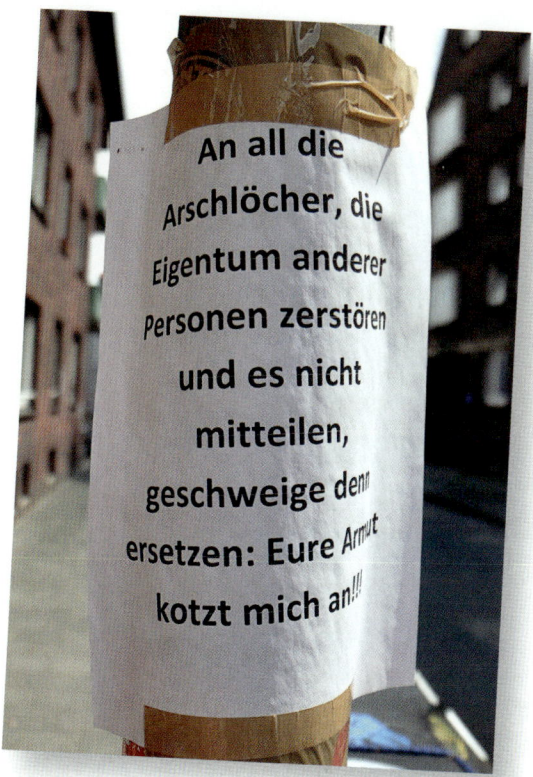

An all die Arschlöcher, die Eigentum anderer Personen zerstören und es nicht mitteilen, geschweige denn ersetzen: Eure Armut kotzt mich an!!!

ROMAN MICHULITZ, MÜNSTER

Das ist natürlich offensichtlich zu breit gestreut in der Ansprache. Und den Spruch »Eure Armut kotzt mich an« fand ich zugegebenermaßen mal lustig, als ich den in den Neunzigerjahren auf einem Mercedes gesehen habe. Da kann man jetzt drüber streiten: Ist es ein Armutszeugnis, diesen alten Spruch zu nehmen, oder völlig okay, den wieder zu feiern?

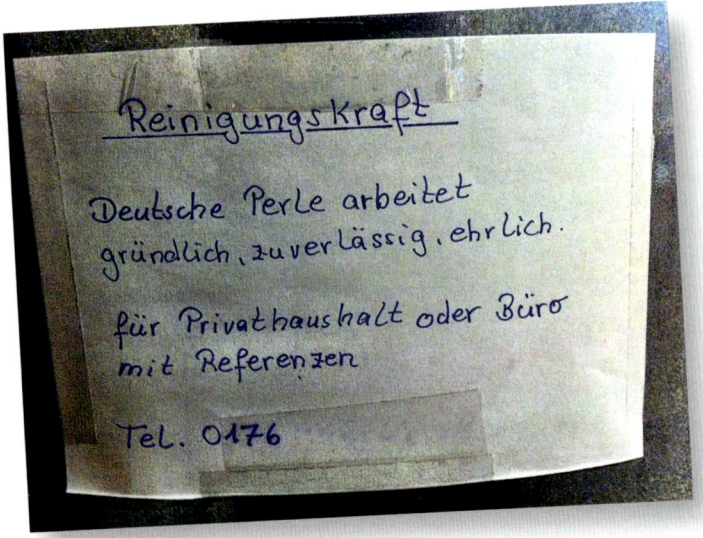

FRAUKE LÜPKE-NARBERHAUS, HAMBURG

Hier gefällt mir, dass die Zettelautorin das Wort »Perle« benutzt hat. Sie hat sich in ihre Zielgruppe reingedacht und sich gefragt: Wie nennen Menschen, die wirklich zufrieden sind, ihre Putzfrau? Früher hätte man »Goldstück« gesagt, heute sagt man eben »Perle«. Das finde ich erst mal clever – auch wenn man natürlich darüber streiten kann, ob das anbiedernd wirkt.

Wirkt das nicht eher rassistisch? Eine deutsche Perle, die ehrlich arbeitet. Andere arbeiten unehrlich?

Ja, das stimmt. Ich glaube aber, dass es viele Leute anspricht und dadurch erfolgreich ist.

Hmm, leider. Zum Abschluss ein Zettel, dessen Geschichte

sich leider nicht recherchieren ließ: Weder die »Tauben-frau« noch die Zettelautorin ließen sich auftreiben – auch nach langer Suche, einigen E-Mails, Telefonaten und einem Brief nicht.

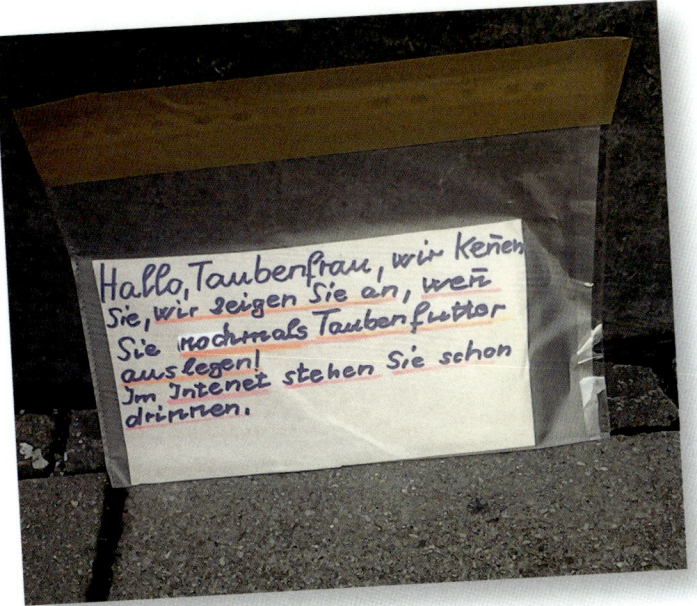

MAXIMILIAN HEGER, MÜNCHEN

An der »Taubenfrau« bin ich hängen geblieben und habe mich gefragt: Woher kommt diese Sprache? Ich vermute, die Autorin des Zettels liest die *Bild*-Zeitung, denn die schreibt ja auch so: »Pleite-Griechen« zum Beispiel. Der Zettel ist einfach lustig und transportiert zugleich eine klare Botschaft.

47

WEHRHAFTER SCHWARZER KATER GESUCHT!

Der schöne Schwarze – oder ist es gar eine Kätzin – ist der Lieblingsfeind unseres rot-weißen Katers. Seit einigen Monaten verprügeln sie sich regelmäßig gegenseitig im Hinterhof Rombergstraße/Schopstraße.

Unsrem Kater bekommt das nun leider gar nicht gut. Er braucht jedesmal Spritzen wie Tage, um wieder gesund zu werden. Vermutlich geht es seinem Gegner auch nicht besser.

Vielleicht könnten wir »Besitzer« einmal miteinander telefonieren und uns so abstimmen, dass die beiden Streithähne möglichst nicht mehr aufeinandertreffen können. Das wäre toll: 0176 ███████

Freundliche Grüße und Danke!

FRAUKE LÜPKE-NARBERHAUS, HAMBURG

Nachts lag sie wach und wusste nicht, wo er war, wann er zurückkommen würde, ob sie den Arzt rufen musste, weil er sich wieder geprügelt hatte. Ob er überhaupt noch lebte. Die Hamburgerin Rieke, 60, kurze Haare, tiefe Stimme, herzliches Lachen, sorgte sich mehr als sonst um ihren »kleinen Kerl«. Sie musste etwas tun.

Dabei hatten sie schon viel gemeinsam durchgemacht: Als er noch nicht mal ein Jahr alt war, da lebte er erst seit Kurzem bei ihr, fand sie ihn vor ihrer Haustür, seine Lippen ganz weiß vor Schock. Sie fuhr mit dem Taxi zur nächsten Praxis. Er wurde mit einem flachen Brett geschlagen, vermuteten sie dort, das brach ihm Hüfte und Schambein, das zertrümmerte sein Iliosakralgelenk. Der Arzt schraubte ihn wieder zusammen, 1800 Euro. Genauso viel hatte Rieke für ihren Urlaub gespart, die Reise fiel aus.

Sie bettete ihn ins Wohnzimmer, bis er wieder laufen konnte, fütterte ihn, half ihm, wenn er mal musste, nahm ihn abends auf den Schoß und streichelte ihn. Wie eine pflegende Mutter, sagt Rieke. Sie lacht. Ja, er ist ein Kater, kein Kind, das weiß sie. Ein Tier, das nicht vermenschlicht werden will, aber trotzdem geliebt werden darf.

Kater, der kleine Kerl, ist eigentlich Grieche. Riekes Nachbarin, eine sehr tierliebende Frau, hatte ihn mit nach Deutschland genommen. Aber die Wohnung wurde zu eng für sie, ihre zwei Kinder, der Windhund und der Kater – nach ein paar Monaten musste er gehen. Rieke holte ihn zu sich. Zu der Zeit war gerade ihr Vater gestorben, ein großer Katzenliebhaber, an ihn musste sie denken.

Mit der Zeit nannte Rieke ihren kleinen Kerl häufiger »Herr Kater« oder Dicker. Er war gewachsen und hatte nach der OP seine Kräfte entdeckt: Er prügelte sich mit Katze Mathilde und Kater Arthur, ließ sich ein Stück vom Ohr abbeißen und die Nase einschlagen. Er teilte sein Revier nicht mit anderen Stadtkatzen, er verteidigte es.

Rieke hörte sie nachts schreien, fauchen, jammern. Rieke sah, wie sie sich tagsüber durch den Hinterhof jagten, dann rannte sie die vier Etagen runter, kletterte über Zäune und Mauern, klatschte in die Hände, wirbelte mit den Armen, um sie auseinanderzubringen. Einmal rannte ihr Mann mit einem Besenstiel in den Hof; wie ein Gladiator, erinnert sie sich.

Dann kam der schwarze Kater.

Er forderte Herrn Kater noch mehr als die anderen: Nach einem Kampf mit ihm saß er einmal 48 Stunden vor der Einfahrt zum Hinterhof, er reagierte nicht auf Rieke, er wartete, wartete auf den Schwarzen. Später fand Rieke ihren Kater unter einem Tisch im Sperrmüll, blutig und voller Schleim.

Dreimal musste sie nach solchen Begegnungen den Arzt rufen, er spritzte jedes Mal eine Antibiotika-Mischung, 50 Euro. Sie wusste nicht, ob er ein viertes Mal überleben würde. Sie musste etwas tun und klebte Zettel in der Nachbarschaft:

»Der schöne Schwarze – oder ist es gar eine Kätzin – ist der Lieblingsfeind unseres rot-weißen Katers. Seit einigen Monaten verprügeln sie sich regelmäßig gegenseitig im Hinterhof.

Unserem Kater bekommt das nun leider gar nicht gut. Er braucht jedes Mal Spritzen wie Tage, um wieder gesund zu werden. Vermutlich geht es seinem Gegner auch nicht besser.

Vielleicht könnten wir ›Besitzer‹ einmal miteinander telefonieren und uns so abstimmen, dass die beiden Streithähne möglichst nicht mehr aufeinandertreffen können. Das wäre toll. Freundliche Grüße und Danke!«

In den Tagen danach rief eine Frau an, es könne ihr Kater

sein, der sei allerdings schon etwas älter. Ein alter Kater, glaubt Rieke, könne ihren Herrn Kater nicht so zurichten. Sonst meldete sich niemand. Auch der schöne Schwarze zeigte sich nicht mehr. Vielleicht hatte Herr Kater ihn vertrieben, vielleicht getötet.

Herr Kater humpelt jetzt ein bisschen. Sieben Jahre ist er alt, für einen Stadtkater recht stattlich; er kommt allmählich in ein Alter, in dem er sich mehr und mehr in den Teil seines Reviers zurückziehen sollte, den er nicht verteidigen muss: die Wohnung im vierten Stock. Rieke hätte nichts dagegen: Sie genießt es, nachts wieder durchzuschlafen.

Jana, 42, will Gerechtigkeit für sich und ihren Roller

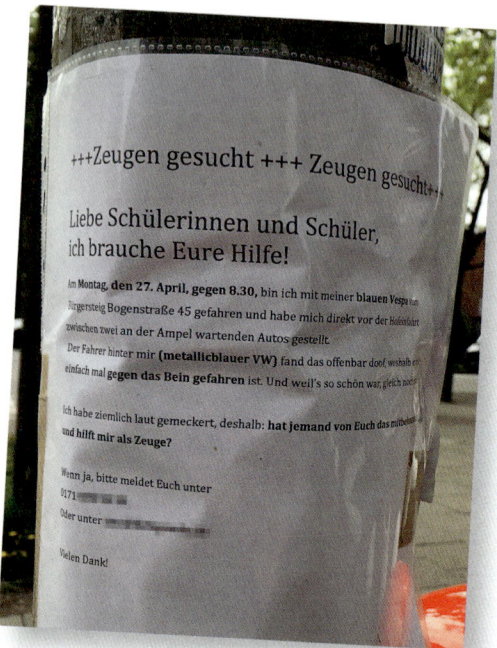

+++Zeugen gesucht +++ Zeugen gesucht+++

Liebe Schülerinnen und Schüler, ich brauche Eure Hilfe!

Am Montag, **den 27. April, gegen 8.30,** bin ich mit meiner blauen Vespa auf dem Bürgersteig Bogenstraße 45 gefahren und habe mich direkt vor der Haltelinie zwischen zwei an der Ampel wartenden Autos gestellt.

Der Fahrer hinter mir **(metallicblauer VW)** fand das offenbar doof, weshalb er einfach mal **gegen das Bein gefahren** ist. Und weil's so schön war, gleich noch mal.

Ich habe ziemlich laut gemeckert, deshalb: **hat jemand von Euch das mitbekommen und hilft mir als Zeuge?**

Wenn ja, bitte meldet Euch unter
0171 ▮▮▮ ▮▮ ▮▮

Oder unter ▮▮▮▮▮▮▮▮

Vielen Dank!

FRAUKE LÜPKE-NARBERHAUS, HAMBURG

In Hamburg sind wir auf der Straße von Kopf bis Fuß auf Hiebe eingestellt. Autos gegen Roller gegen Fahrräder gegen Fußgänger, das ist die eine Richtung. Wer schon länger in der Stadt lebt, der keilt auch nach oben: Fußgänger gegen Fahrräder gegen Roller gegen Autos. Auch wenn das manchmal wehtut.

Jana, 42, lebt schon länger in Hamburg. Sie weiß, dass weißhaarige Männer gern Radfahrern die Vorfahrt nehmen und dabei aus ihrem Porsche winken. Sie weiß, dass Radfahrer nicht bremsen, wenn Fußgänger, die auf Smartphones starren, den Radweg blockieren, so es überhaupt einen gibt. Sie weiß, dass sich dann selbst Frauen auf Hollandfiezen tief über den Lenker beugen, Anlauf nehmen, um erst kurz vor knapp am Hindernis vorbeizuschlenkern. Das ist ein Rad! W! E! G! Es soll dir eine Lehre sein.

An diesem Montagmorgen im April fuhr Jana mit ihrer Vespa zur Arbeit, sie hatte es etwas eilig, wer kennt das nicht am Tag nach dem Wochenende. Vor ihrer Hofeinfahrt reihte sich Auto an Auto. Ja, sie weiß, eigentlich hätte sie sich jetzt hinten einordnen müssen, vordrängeln tut man nicht, das sagt sie ihrem Sohn auch immer, aber hey, sie fährt doch nur Vespa. Also schlängelte sie sich über den Fahrradweg, reihte sich schräg zwischen zwei Autos ein und schaute auf die Ampel.

Da spürte sie plötzlich ganz sanft eine Stoßstange an ihrem Bein. Sie drehte sich um und sah, wie das Auto, ein aufgemotzter VW Golf, ein zweites Mal langsam an sie heranfuhr.

»Er hat mich angefahren«, schrie Jana da. »Der hat mich angefahren!«

Sie stieg vom Roller ab. »Du hast mich angefahren!« Klopfte an seine Scheibe. »Du hast mich angefahren!« Rüttelte an der Tür. »Du hast mich angefahren!« Doch der Mann, Mitte 40, schätzt Jana, zuckte mit den Schultern und starrte geradeaus. Da habe sie plötzlich Angst bekommen, sagt Jana. Sie stieg auf ihren Roller und fuhr los.

Dabei dachte sie an ihren kleinen Sohn, fünf Jahre ist er alt. Wie würde er seine ersten Fahrversuche meistern? Wie schnell würde er sich behaupten können zwischen Autos und Rollern und Fahrrädern und Fußgängern? Wo würde er stehen in der Hackordnung der Straße? Gruselig.

Sie dachte an ihren kleinen Sohn, als sie beschloss, zur Polizei zu fahren. Ein aufregender Nachmittag, das würde ihm sicher gefallen.

»Ist Ihnen oder Ihrem Fahrzeug etwas passiert?«, habe der Polizist gefragt, erinnert sich Jana.

Sie schüttelte den Kopf. Warum fragte er das?

»Tja.« Ob ihr denn nicht wenigstens irgendwas wehtue? Oh ja, jetzt merkte sie es: das Bein.

»Na, dann mache ich mal eine Anzeige wegen gefährlicher Körperverletzung.« Schließlich habe der Fahrer das Auto als Waffe eingesetzt.

Sie fuhr zum Arzt und ließ ihr Bein begutachten. Sie fuhr zu der Stelle, wo alles passiert war, und hängte Zettel aus, rund sechs Stück, im Kiosk und an den Ampeln kurz vor der großen Schule:

»+++ Zeugen gesucht +++ Zeugen gesucht +++

Liebe Schülerinnen und Schüler,

ich brauche eure Hilfe!

Am Montag, den 27. April, gegen 8.30 Uhr, bin ich mit meiner blauen Vespa vom Bürgersteig gefahren und habe mich direkt vor der Hofeinfahrt zwischen zwei an der Ampel wartende Autos gestellt.

Der Fahrer hinter mir (metallicblauer VW) fand das offenbar doof, weshalb er einfach mal gegen das Bein gefahren ist. Und weil's so schön war, gleich noch mal.

Ich habe ziemlich laut gemeckert, deshalb:

Hat jemand von euch das mitbekommen und hilft mir als Zeuge?«

Sie wartete. Und wartete.

Sie schrieb auf Facebook, der Typ, der sie angefahren habe, könne sich schon mal auf eine Anzeige freuen, jetzt bräuchte sie nur noch Zeugen. Ein Freund schrieb, er sei ganz zufällig auch an der Kreuzung gewesen, das sei ihm jetzt erst wieder eingefallen.

Kurz habe sie überlegt, ob sie das Angebot annehmen solle, sagt Jana. Aber: eine gefälschte Zeugenaussage? Wäre sie dann nicht genauso schlimm wie der?

Sie wartete. Ihre Schwester, eine Lehrerin, sagte, der Zettel sei zu lustig geschrieben. Die Schüler würden das nicht ernst nehmen. Niemand meldete sich.

Ein paar Wochen später bekam sie Post von der Staatsanwaltschaft, das Verfahren sei eingestellt. Der Fahrer gab an, Jana habe ihn geschnitten. Aussage gegen Aussage. Pech gehabt.

Jana sagt, durch das Schreiben der Staatsanwaltschaft kenne sie den Namen des Mannes, sie habe diesem Vollpfosten noch ein wenig hinterhergegoogelt. Und sein Auto, das würde sie auch sofort wiedererkennen.

Und dann? Sie weiß es nicht.

Vielleicht würde sie noch mal ein bisschen schimpfen.

Vielleicht denkt sie aber auch an ihren kleinen Sohn. Und an all die anderen Söhne und Töchter und deren Omas und Opas. Vielleicht denkt sie daran, dass sie ja auch schon mal nach oben gekeilt hat und nach unten.

Vielleicht macht sie den Anfang, vergisst ihr gutes Recht

und verbreitet etwas Nachsicht und Großmut auf Hamburgs Straßen. Das wäre schließlich für alle angenehmer. Oder?

Buch vergessen!!!
Moin, habe heute am Donnerstag den 11.07.2013
mein Buch in der Hitze des Gefechts hier liegen lassen.
Glücklicherweise hat es jemand gefunden und
mitgenommen, damit es nicht in falsche Hände gerät ;)
Es handelt sich um ein Buch mit einem blauem Einband,
der Titel lautet „ Königsklingen" von Joe Abercrombie.
Wäre toll wenn sich der/die Finder/in melden würde.

Tel: 0174/

CLARA ROETHE, HAMBURG

Zu gern hätte er sofort gewusst, wie es weitergeht mit Logen, dem Barbarenkrieger, und Glokta, dem Großinquisitor. Fast die ganze Geschichte hatte er schon gelesen, nur ein paar Seiten fehlten noch. Die letzten, wie so oft die spannendsten im ganzen Buch. Dann stand Henning, 30, an einem Morgen um sieben Uhr im Hamburger Stadtteil Eppendorf an der Bushaltestelle. Seine Arbeit beginnt früh, er macht eine Ausbildung zum Erzieher. Henning legte das Buch auf den Zaun, drehte sich schnell noch eine Zigarette, dann kam der

Bus – und Henning vergaß das Buch. Abends um fünf schaute er nach: kein Buch mehr da.

Königsklingen, ein Fantasyroman des Engländers Joe Abercrombie, ist der dritte Teil einer Trilogie. Wer klaut schon den letzten Teil, habe er gedacht, erzählt Henning. Er wollte sein Buch zurück und nicht noch einmal 15 Euro für eine Geschichte ausgeben, die er quasi schon kannte. Also schrieb er noch am gleichen Tag einen Zettel und hängte ihn an der Haltestelle auf: »Habe heute (…) mein Buch in der Hitze des Gefechts liegen lassen. Glücklicherweise hat es jemand gefunden und mitgenommen, damit es nicht in falsche Hände gerät.« Keine Hasstirade auf den Dieb, sondern ein Hoch auf den ehrlichen Finder. Das schien ihm erfolgversprechender.

Er wartete einen Tag, zwei, drei, dann gab er die Hoffnung auf und wurde ein bisschen wütend. Würde der Dieb sich wenigstens ekeln, wenn er auf einen neuen Zettel schrieb, dass er *Königsklingen* immer auf der Toilette gelesen hat? Ausprobiert hat er es nicht.

Stattdessen überzeugte er einen Freund von dem Roman. Der kaufte ihn sich und las und las, 944 Seiten brauchen ihre Zeit. Drei Monate später konnte Henning sich das Buch endlich leihen. Er legte es erst mal nicht mehr aus der Hand.

Habe Gestern
an einem
Sonntag meinen
Pfeil und Bogen
verloren.
Bitte melden, Finderlohn
0152
Finderlohn !!!

FRAUKE LÜPKE-NARBERHAUS, BERLIN

Wenn ein Mann mit seinem Pony U-Bahn fährt, is dit Berlin, wa. Oder wenn ein Mann nackt über den Alex läuft. Und wenn ein Mann an einem Sonntag in Friedrichshain Pfeil und Bogen verliert, dann is dit wohl auch Berlin.

An diesem Sonntag verkaufte Felix, 34, seinen Trödel auf einem Flohmarkt, sechs Stunden stand er auf dem RAW-

Gelände in Friedrichshain, auf 3000 Quadratmetern reiht sich hier Thüringer-Rostbratwurst-Stand an Globus an Silberbesteck an Pelzmantel an Comic an Schallplatte.

Am Ende war er ganz zufrieden mit sich und gönnte sich ein Bier. Und noch eins. Noch zufriedener, ja, geradezu selig war Felix, als er an einem Stand Kurzbogen, Köcher und Holzpfeile entdeckte. So, mit Leder überzogen, hätte dieses Ensemble auch in *Herr der Ringe* mitspielen können.

Felix, der eigentlich anders heißt, übt schon eine Weile, mit Pfeil und Bogen zu schießen, draußen in Brandenburg gehört einer Freundin ein Garten. Manchmal stellt er sich dort eine selbst gebastelte Papp-Zielscheibe auf, draußen auf dem Feld, wo er weit blicken kann, um niemanden versehentlich zu treffen. Er muss halt noch trainieren. Gerade sein Langbogen, fast so groß wie er, sei sehr schwer zu spannen, sagt Felix. Einmal habe er sich dabei schon böse am Finger verletzt.

90 Euro sollten Kurzbogen, Köcher und Pfeile kosten, mehr, als er an diesem Tag eingenommen hatte. »Heftig teuer für Flohmarktverhältnisse«, dachte Felix. Egal. Darauf ein Bier.

Am Ende des Tages verstaute er seinen Trödel, den er nicht losgeworden war, in seinem Fahrradanhänger. Obendrauf den Kurzbogen. Glaubte er. Er habe zu diesem Zeitpunkt schon ein paar Bierchen getrunken, sagt er. Mehr oder weniger ein bisschen angetrunken oder besoffen sei er gewesen, jedenfalls, sagt er, mit den Sinnen schon woanders.

Als er zu Hause ankam, war der Bogen weg und Felix traurig. Zweimal sei er an diesem Abend die Strecke mit dem Rad noch mal abgefahren. Vergebens. Am nächsten Tag schrieb er deswegen einen Zettel, kopierte ihn und hängte ihn an der Strecke zehnmal auf:

»Habe gestern an einem Sonntag meinen Pfeil und Bogen verloren. Bitte melden, Finderlohn. Finderlohn!!!«

Lange hört er nichts, dann kam Wochen später eine SMS: »Ich habe deinen Pfeil gefunden. In meiner Katze«, schrieb eine Frau. Felix erschrak: Ach du Scheiße. Sollte er etwa draußen auf der Wiese, in Brandenburg, eine Katze getroffen haben? Aber er konnte doch auf dem Feld 30 Meter weit schauen. Da war nichts gewesen. Er passte doch auf. Oder?

Sicherheitshalber zählte er seine Pfeile. Das schrieb Felix der Frau: Er habe noch alle beisammen. Sein Pfeil könne gar nicht in der Katze stecken. »Ich weiß genau, dass Sie es waren«, antwortete sie. Später fragte er sich, woher die Frau überhaupt seine Nummer hatte. Da fiel ihm der Zettel ein.

Männer, die mit Pfeilen auf Katzen schießen, dit is auch Berlin, wa. Und Felix soll es gewesen sein. Deswegen will er jetzt auch keine Zettel mehr aufhängen, jedenfalls keine, auf denen er nach Pfeil und Bogen sucht. Wer weiß, was ihm noch alles angehängt wird. Hier in Berlin.

Frauke Lüpke-Narberhaus, Hamburg

PUZZLETEIL

Bei uns wurde am So. 25.8. ein ABC-Puzzle auf dem Flohmarkt gekauft! Beim zusammenräumen haben wir noch das **U** gefunden!

U

Christoph Seidler, Berlin
GOOD NEWS: DER TYRANNO-
SAURUS IST NACH NUR EINER
WOCHE ZURÜCKGEKEHRT. EIN
HUND HATTE IHN GEFUNDEN –
UND DER DINO-FAN HAT SICH
NATÜRLICH RIIIIIIIIIIIESIG
GEFREUT.

DINO VERLOREN

Wer hat meinen Tyrannosaurus gefunden, den ich gestern auf dem Rückweg vom Kinderarzt irgendwo zwischen Kleingartenanlage und Brennerberg verloren habe? Ich würde mich soooooooo freuen, wenn er wieder zu mir zurückkäme...

Traurige Grüße
von einem großen Dino-Fan, 4 Jahre

Tel. 030-   oder 0177-

CHRISTOPH PULVERMACHER,
ESSEN

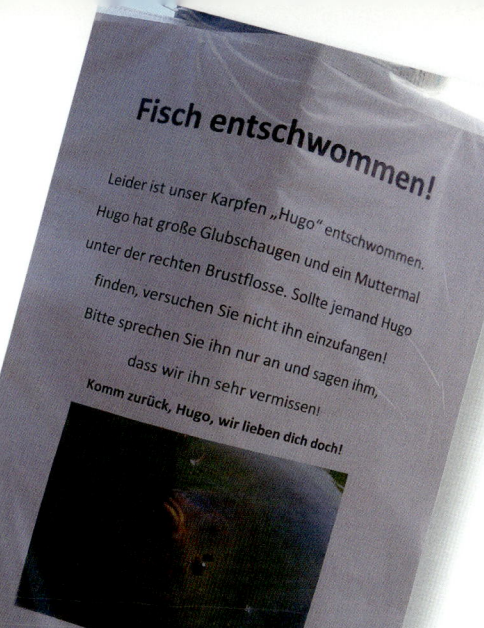

Fisch entschwommen!

Leider ist unser Karpfen „Hugo" entschwommen.
Hugo hat große Glubschaugen und ein Muttermal
unter der rechten Brustflosse. Sollte jemand Hugo
finden, versuchen Sie nicht ihn einzufangen!
Bitte sprechen Sie ihn nur an und sagen ihm,
dass wir ihn sehr vermissen!
Komm zurück, Hugo, wir lieben dich doch!

Hugo im Sommer 2013

JAN WINTER, HAMBURG
EIN VERSUCH WAR'S WERT, ABER: LEIDER HAT DIE JUNGE FRAU IHREN
VERLORENEN SCHUH NICHT ZURÜCKBEKOMMEN.

GUIDO LAUEN, DARMSTADT

HAMBURG

WAL GESUCHT

Dummerweise habe ich am Sonntag, 26.07. meinen Wal am Auto vergessen. Als mir dies auffiel, war er leider schon weg. Ich habe den Wal am 25.07. zu meinem Geburtstag bekommen. Insofern war er nicht lange meiner. Den Wal habe ich von meiner Freundin bekommen, den Rahmen hat mir mein Vater gebaut. Wer also den Wal irrtümlicher- und verständlicherweise vor dem Stranden retten wollte und mitgenommen hat, wird gebeten, sich bei mir zu melden. Ich vermisse den Wal so.

Walgroßer Dank wäre dem Walretter sicher.

Frauke Lüpke-Narberhaus, Hamburg

In Hamburg-Eimsbüttel sind die Wohnungen klein und die Menschen hilfsbereit. Sie haben mit dem örtlichen Supermarkt etwas organisiert, das sie »Götterspeise« nennen: Brote, Obst und Gemüse landen nach Ladenschluss nicht im Müll, sondern in Körben auf der Straße für all jene, die sich nicht viel leisten können. Einen »Tauschtisch« gibt es auch: Hier liegen Bücher, Taschen, T-Shirts, die man nicht wegschmeißen möchte. Irgendjemand freut sich immer. Und wer es nicht bis zum Tauschtisch schafft, der stellt seinen Trödel vor die Tür: »Zu verschenken.« Denn manchmal sind die Menschen in Eimsbüttel eben auch bequem.

Dennis, 37, weiß das, er wohnt schon eine Weile in der Gegend. An einem Sonntagabend im Juli kam er mit seiner Freundin und den beiden Hunden aus Oldenburg zurück. Er hatte das Wochenende bei seinen Eltern verbracht, um seinen Geburtstag zu feiern. Dementsprechend voll war sein Kofferraum mit Taschen, Decken, Hundefutter und Geschenken, ein Bilderrahmen zum Beispiel.

Seine Freundin hatte ihm einen Druck geschenkt, ein Wal war darauf zu sehen; den Rahmen hatte sein Vater gebaut. Seit einigen Jahren verbringt der Vater viel Zeit in seiner kleinen Werkstatt und baut aus altem Holz Betten, Tische und manchmal eben auch Bilderrahmen. Wer ihm wichtig ist, den beschenkt er, so wie jetzt seinen Sohn.

Gemeinsam mit seiner Freundin lud Dennis alles aus, den Bilderrahmen parkte er kurz am Hinterreifen, um noch ein letztes Mal zu kontrollieren, ob er auch nichts im Auto vergessen hatte. Dann brachten sie alles hoch. Nur das Bild, das blieb stehen. Ein paar Stunden später war es weg. Auch ohne »Zum Mitnehmen«-Zettel. Tja.

Dennis glaubt nicht gern an böse Absicht, gerade nicht in seinem Tauschtisch-Eimsbüttel. Er ist ein freundlicher, positiver Mensch, so schrieb er auch seinen Zettel, den er im Kiez und auf Facebook verteilte:

»Dummerweise habe ich am Sonntag, 26.07., meinen Wal am Auto vergessen. Als mir dies auffiel, war er leider schon weg. Ich habe den Wal am 25.07. zu meinem Geburtstag bekommen. Insofern war er nicht lange meiner. Den Wal habe ich von meiner Freundin bekommen, den Rahmen hat mir mein Vater gebaut. Wer also den Wal irrtümlicher- und verständlicherweise vor dem Stranden retten wollte und mitgenommen hat, wird gebeten, sich bei mir zu melden. Ich vermisse den Wal so. Walgroßer Dank wäre dem Walretter sicher.«

Zwei Menschen meldeten sich: Der Künstler Andreas Klammt bot einen kostenfreien Ersatzdruck an. Der Text bei Facebook sei so sympathisch gewesen, sagte er, es habe ihm leidgetan, deswegen habe er Dennis eine Freude machen wollen. Und eine Frau aus der Nachbarschaft schämte sich: »Hallo, ich habe heute Ihren Zettel an der U-Bahn-Station gelesen. Wir haben das Bild. Mein Sohn sah es Sonntag und verliebte sich sofort darin. Es sah wirklich herrenlos aus. Es tut mir sehr leid und ist mir sehr unangenehm!«

Seitdem hängt der Wal dort, wo er hingehört, in Dennis' Wohnzimmer, und fast alle sind wieder glücklich: Dennis, seine Freundin, sein Vater und die Nachbarin. Nur ihr Sohn, vielleicht sechs Jahre alt, hatte noch eine Weile Liebeskummer.

GABRIELE LOOCK-STRITZEL

Robert Kowalski, Hamburg

Achtung! Achtung! Achtung!

Ich bin Jan, habe das Down-Syndrom und kann nur über einen **Sprachcomputer** sprechen.

Dienstag 17:40Uhr habe ich ihn in der **U5** verloren. Wer hat ihr gefunden?

Bitte seid ehrlich & meldet euch bei meinem Betreuer:

Tel. ▨▨▨▨ ▨▨▨▨

Herzliche Grüße,
Jan

Vier Zettel, mehr hatte er gar nicht aufgehängt, um Jans Sprache wiederzufinden. Einen im Berliner Bahnhof Wuhletal, einen in Biesdorf, einen in Friedrichsfelde Ost und einen in Lichtenberg. Danach trug er tagelang ein Headset, um leichter mit all den Anrufern sprechen zu können, die auf den Aushang reagierten.

Der 26-jährige Sebastian studiert Rehabilitationspädagogik in Berlin, er schreibt gerade seine Abschlussarbeit und betreut zweimal die Woche für sechs Stunden Jan. Der ist 15 Jahre alt und hat das Down-Syndrom. Jan redet viel, allerdings verstehen selbst seine Eltern nur »Ja« und »Nein«. Deswegen trägt Jan stets einen Sprachcomputer bei sich, eine Art Tablet-PC mit vielen Symbolen: ein Gesicht plus Finger zum Beispiel oder ein Fußball. Drückt er die Knöpfe, sagt eine Frauenstimme: »Ich möchte Fußball spielen.« Fast 5000 Euro hat der Computer gekostet.

Als die beiden Anfang Juni in Wuhletal aus der Bahn stiegen, hatte Jan den Computer noch in der Hand, erinnert sich Sebastian. Dann war er weg. »Wo ist dein Talker?«, fragte Sebastian. Jan blieb stumm. Sebastian weiß nicht, ob Jan in der Situation traurig war oder wütend, ob er überhaupt versteht, was der Computer für ihn bedeutet. Sebastian weiß nur, dass Jan viel ausgeglichener ist, wenn er nicht nur redet, sondern auch verstanden wird.

Sebastian schrieb einen Zettel:

»Achtung! Achtung! Achtung! Ich bin Jan, habe das Down-Syndrom und kann nur über einen Sprachcomputer sprechen. Dienstag 17.40 Uhr habe ich ihn in der U5 verloren. Wer hat ihn gefunden? Bitte seid ehrlich & meldet euch bei meinem Betreuer.«

Ein geklautes Fahrrad, das suchen viele via Aushang und nehmen so lange die Bahn oder ihr Zweitrad. Aber Jan hat keine Zweitsprache.

Was dann passierte, nein, damit hatte Sebastian nicht gerechnet. Heißt es doch so oft, heutzutage kreise jeder nur um sich selbst, interessiere sich nicht einmal für den Menschen in der Nachbarswohnung. Hauptsache, ihm gehe es gut.

Ein paar Tage nachdem Jan und Sebastian die vier Zettel ausgehängt hatten, rief jemand an und fragte, ob er den Aushang im Internet veröffentlichen dürfte. Hunderte reichten danach den Zettel durchs Netz, Tausende haben ihn gesehen: »Teilen wäre wirklich angebracht, Freunde«, schrieben sie.

Sebastian bekam Anrufe und Nachrichten aus Frankfurt, Stuttgart, München, Hamburg. Können wir helfen? Geld spenden? An die 100 Nachrichten müssen es insgesamt gewesen sein, schätzt er.

Der Anruf einer Frau führte zum Ziel: Sie hatte einen Computer gefunden und danach den Zettel im Internet gesehen. Das Tablet könne er im Fundbüro abholen, sagte sie. Sprachlos sei er gewesen, sagt Sebastian, superglücklich, unendlich dankbar.

Sebastian weiß nicht, ob Jan so etwas auch fühlt. Er sieht nur, dass Jan den Sprachcomputer nicht mehr aus der Hand gibt.

Ricarda, 28, sucht den Vater ihrer Hundewelpen

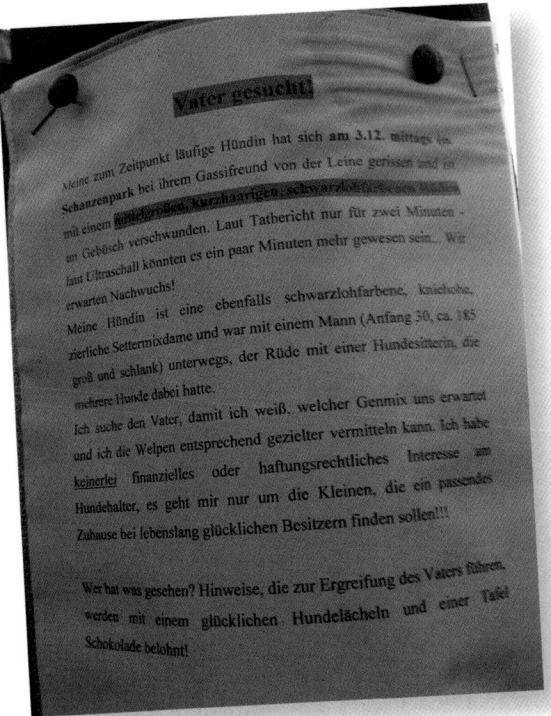

Vater gesucht!

Meine zum Zeitpunkt läufige Hündin hat sich **am 3.12.** mittags im Schanzenpark bei ihrem Gassifreund von der Leine gerissen und ist mit einem mittelgroßen, kurzhaarigen, schwarzlohfarbenen Rüden im Gebüsch verschwunden. Laut Tatbericht nur für zwei Minuten - laut Ultraschall könnten es ein paar Minuten mehr gewesen sein... Wir erwarten Nachwuchs!

Meine Hündin ist eine ebenfalls schwarzlohfarbene, kniehohe, zierliche Settermixdame und war mit einem Mann (Anfang 30, ca. 185 groß und schlank) unterwegs, der Rüde mit einer Hundesitterin, die mehrere Hunde dabei hatte.

Ich suche den Vater, damit ich weiß, welcher Genmix uns erwartet und ich die Welpen entsprechend gezielter vermitteln kann. Ich habe keinerlei finanzielles oder haftungsrechtliches Interesse am Hundehalter, es geht mir nur um die Kleinen, die ein passendes Zuhause bei lebenslang glücklichen Besitzern finden sollen!!!

Wer hat was gesehen? Hinweise, die zur Ergreifung des Vaters führen, werden mit einem glücklichen Hundelächeln und einer Tafel Schokolade belohnt!

YVONNE DEWERNE, HAMBURG

2000 Jahre Kirchengeschichte in vier Monaten. Ricarda hatte einen Lernplan, sie war motiviert, sie hatte ein Ziel: ein gutes Examen, dann irgendwann vielleicht Pastorin. Es kam anders. Mit 28 Jahren wurde die Theologiestudentin aus Hamburg neunfache Mutter, fünfmal schwarz, viermal blond. Schuld ist ein Freund, der inzwischen keiner mehr ist.

Ricarda hat eine Hündin, den drei Jahre alten Setter-mischling Zola. An einem Dienstagabend im Januar spazierten die beiden durch den Hamburger Jenischpark. Zola sollte sich austoben, doch sie rannte nicht, sie watschelte. Um die Taille hatte sie zugelegt. Sollte sie etwa? Wann war sie zuletzt läufig?

Das war im Dezember. Zu der Zeit hatte ein Freund auf die Hündin aufgepasst, wie schon häufiger. Er habe gewusst, sagt Ricarda, dass Zola an der Leine bleiben muss. Eine läufige Hündin macht Rüden schließlich wuschig. Da gibt's kein Halten mehr.

»War da was im Dezember?«, fragte Ricarda. Ach, stimmt, einmal habe sich Zola von der Leine gerissen, behauptete der Freund, um mit einem Rottweiler im Gebüsch zu verschwinden. Zwei Minuten, höchstens.

Ricarda vereinbarte einen Ultraschalltermin.

Sie informierte ihre neue WG-Mitbewohnerin.

Sie verschob ihr Examen.

Sie stritt mit ihren Eltern. Denn plötzlich, 23 Jahre nach der Scheidung, waren die wieder einer Meinung: Die Welpen müssen weg. Das Studium für Hundepflege unterbrechen? Verantwortungslos. Neun Mischlingsköter verkaufen? Unmöglich. Ricardas Vater züchtete früher selbst Hunde. Auf dem Land, sagt sie, würde man »schon mal mit der Schüppe draufhauen«. Ricarda startete stattdessen lieber das Blog Hundekinderreeperbahn, so gehört sich das für eine werdende Großstadtmutti.

Und sie schrieb einen Zettel: »Vater gesucht! Meine zum

Zeitpunkt läufige Hündin hat sich am 2.12. mittags im Schanzenpark bei ihrem Gassifreund von der Leine gerissen und ist mit einem mittelgroßen, kurzhaarigen, schwarzlohfarbenen Rüden im Gebüsch verschwunden. Laut Tatbericht nur für zwei Minuten – laut Ultraschall könnten es ein paar Minuten mehr gewesen sein... Wir erwarten Nachwuchs! [...] Wer hat was gesehen? Hinweise, die zur Ergreifung des Vaters führen, werden mit einem glücklichen Hundelächeln und einer Tafel Schokolade belohnt!«

Nach zwei Stunden meldete sich eine Hundesitterin: Zola habe sich nicht von der Leine gerissen, sagte sie, sondern sei gar nicht angeleint gewesen. Aus dem Rottweiler wurde ein Labrador, aus den zwei Minuten eine halbe Stunde, aus dem Freund ein Exfreund.

Abends telefonierte Ricarda mit der Labrador-Besitzerin, ein paar Tage später sahen sich werdende Mutter und werdender Vater wieder. Ricarda vermählte die beiden im Schanzenpark, nach dem Jawort gab's ein Leckerli.

Ende Januar brachte Zola ihre Kinder zur Welt. »Wir sind jetzt 9-fache Mütter«, schrieb Ricarda in ihrem Blog. »Zola und ich leben nunmehr zusammen wie eins dieser ökoalternativen, gleichberechtigten Elternpaare in vollkommener Überwindung traditioneller Geschlechterrollen.«

Ricarda stand nachts auf, wenn ein Hündchen schluchzte, um halb zwei, um drei, um vier. Sie bloggte: »So langsam bekomme ich als Single-Endzwanzigerin eine Vorstellung davon, was Elternschaft mit Schlafentzug zu tun hat.« Sie wog die Kleinen, picknickte mit ihnen an der Elbe, kaufte eine beheizbare Welpenhütte, als die Wohnung zu eng wurde und die Kleinen in einen Reitstall umzogen.

Und irgendwann kam der Abschied. Sie fand neue Besitzer, die Welpen heißen jetzt Lina, Emma und Frieda, sie besuchen Welpengruppen und leben in kindersicheren Wohnungen in Bochum, Lübeck und Göttingen. Hin und wieder bekommt Ricarda ein Foto geschickt und ist ganz stolz auf ihre großen Kleinen.

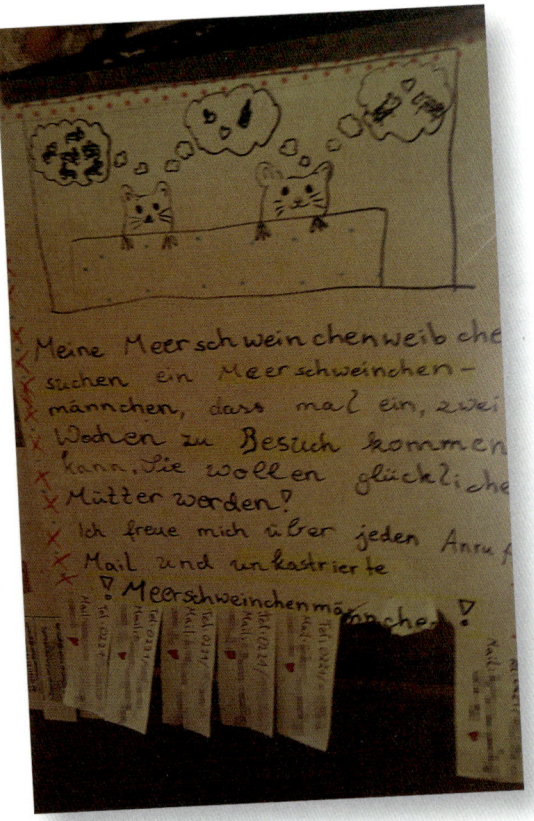

RUTH HEBLER

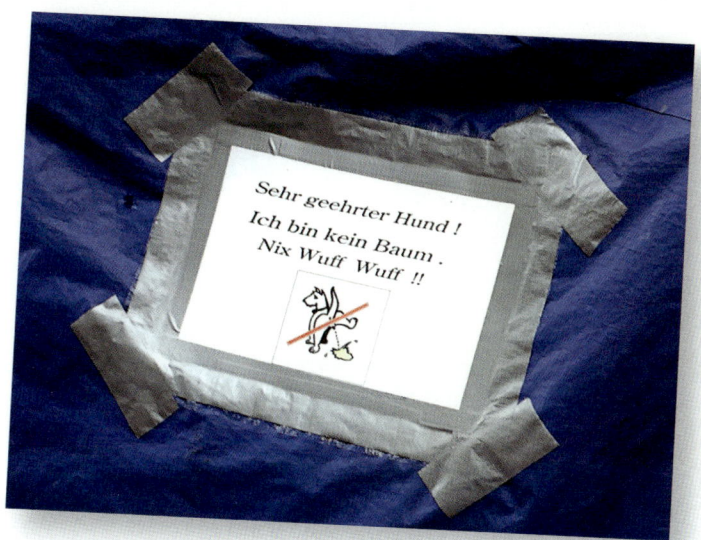

Frauke Lüpke-Narberhaus, Berlin

Frauke Lüpke-Narberhaus, Hamburg

FRAUKE LÜPKE-NARBERHAUS, HAMBURG

FRAUKE LÜPKE-NARBERHAUS, HAMBURG

Lieber Hundebesitzer,

Wenn Sie nicht möchten, dass das Herrchen

dieses Hauses Ihnen vor die Tür scheißt,

dann zerren Sie Ihren Hund weiter!

FRAUKE LÜPKE-NARBERHAUS

Sollen meine Hunde in Zukunft auch vor Deiner Haustüre

Hinscheißen !!!!!!!!

PS. Wir wissen wo Du Wohnst

Hexe & Lilly

FRANK-ULLRICH SEEMANN, MÜHLACKER

FRAUKE LÜPKE-NARBERHAUS, BREMEN

Liebe Hundebesitzer,

bitte *entfernen* Sie jedes Mal den Hundekot!!!

Wir scheißen auch nicht vor Ihre Haustür

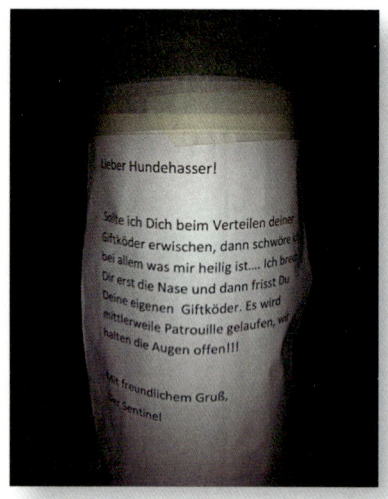

MEIK LIBOR, OELDE

Lieber Hundehasser!

Solte ich Dich beim Verteilen deiner Giftköder erwischen, dann schwöre bei allem was mir heilig ist.... Ich brec Dir erst die Nase und dann frisst Du Deine eigenen Giftköder. Es wird mittlerweile Patrouille gelaufen, w halten die Augen offen!!!

Mit freundlichem Gruß, Der Sentinel

LASSEN SIE IHREN
HUND DOCH
BITTE AN IHR
EIGENES HAUS
PINKELN !!!

Frauke Lüpke-Narberhaus

PROTEST

Ein Student bittet um Ruhe

Bitte
leise
stöckeln!

SEBASTIAN DRIEMER, EICHSTÄTT

»Klack, klack, klack«, machen die Pumps. Und. Zerhacken. So. Ständig. Die. Gedanken. Wer geht da durch die Gänge? Streift von Regal zu Regal? Zieht irgendwann ein Buch aus der langen Reihe, leise schnurrend, wenn Stoffeinband über Stoffeinband reibt? Das Mädel aus der Mensa?

Eigentlich sollten Studenten in der Bibliothek lernen oder Literatur für das nächste Referat recherchieren. Aber eine Bib, Bibo, Bibliothek ist viel mehr als ein Wissensberg: Hier können Bibster-Hipster ihre neuesten Trophäen präsentieren, die Mom-Jeans, den Turnbeutel, den Schnäuzer. Hier können Faule so tun, als würden sie lernen. Hier können Singles ihren Schwarm anflirten, unbeobachtet zwischen den Metallregalen. Pumps können natürlich helfen, das anzubahnen: Sie machen aufmerksam.

Nur gefällt das nicht jedem. In der Journalistik-Bibliothek der Universität Eichstätt hängt seit einigen Wochen ein Zettel an der Säule: »Bitte leise stöckeln!« Gernot Lorenz, der stellvertretende Leiter der Teilbibliothek, weiß nicht, wer ihn angeklebt hat. Eigentlich, sagt er, würden sie solche Zettel entfernen, dieser aber dürfe bleiben, er schildere einfach zu treffend das Problem. Schließlich würden sie die Anliegen der Nutzer ernst nehmen, und die Bib sei nun mal ein wichtiger Lebensmittelpunkt, in dem Studenten einen Großteil ihrer Zeit verbringen. Außerdem vermutet Lorenz: »Gegenseitige soziale Kontrolle der Nutzer ist wirkungsvoller als obrigkeitliche Bestimmungen durch die Bibliotheksleitung.«

Recht hat er: Einige Damen tippeln nur noch auf Zehenspitzen durch die Gänge. Hauptsache, sie steigen jetzt, im Sommer, nicht auf Latschen um. Die. Flip. Nerven. Flop. Mindestens. Flip. Genauso. Flop.

Hecke Degering, 37, bittet zur Obmenschwahl in die Sauna

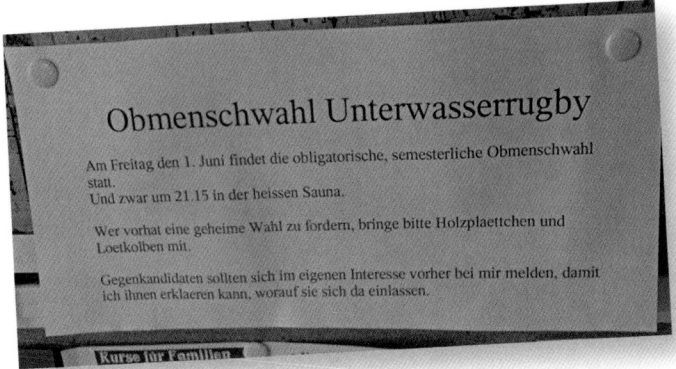

Obmenschwahl Unterwasserrugby

Am Freitag den 1. Juni findet die obligatorische, semesterliche Obmenschwahl statt.
Und zwar um 21.15 in der heissen Sauna.

Wer vorhat eine geheime Wahl zu fordern, bringe bitte Holzplaettchen und Loetkolben mit.

Gegenkandidaten sollten sich im eigenen Interesse vorher bei mir melden, damit ich ihnen erklaeren kann, worauf sie sich da einlassen.

Kurse für Familien

KLAAS PEGEL, GÖTTINGEN

Als die Studenten noch lange Haare und Schlaghosen trugen, als sie noch auf die Straße gingen, um zu rebellieren, da durften Sportler abends einfach so in der Schwimmhalle trainieren. Ohne Anmeldung, Semestergebühr und Lichtbildausweis. Das war früher. Heute gibt es Regeln.

Hecke Degering, 37, trainiert schon seit zwölf Jahren Unterwasserrugby in Göttingen. Er hat sein Studium inzwischen längst abgeschlossen, wie viele andere aus dem Team auch. Zum Training kommt er trotzdem noch zweimal die Woche, denn in Göttingen ist der Hochschulsport Unterwasserrugby mit dem normalen Vereinssport quasi fusioniert.

Deswegen muss das Team zweimal im Jahr einen Obmann wählen, so will es die Sportordnung der Studierendenschaft der Georg-August-Universität Göttingen (SpO). Paragraf 11, Absatz 4 fordert eine freie, gleiche, direkte und geheime Wahl. »Der Termin ist spätestens zehn Tage zuvor hochschulöffentlich anzukündigen. Über Beschwerden entscheidet der Sportausschuss.«

Der Obmann muss Geld beantragen für die Ausrüstung, er muss die Mannschaft für Wettkämpfe anmelden, er muss das Neujahrsturnier organisieren. Der Job sei eher unbeliebt, so drückt Hecke es aus. Wenn er dann jemanden überredet hat, soll der sich auch noch wählen lassen? Frei, gleich, direkt und geheim? Hochschulöffentlich angekündigt? Na gut.

Hecke schrieb also einen Zettel für das Schwarze Brett der Schwimmhalle:

»Obmenschwahl Unterwasserrugby

Am Freitag, den 1. Juni, findet die obligatorische, semesterliche Obmenschwahl statt. Und zwar um 21.15 in der heißen Sauna.

Wer vorhat, eine geheime Wahl zu fordern, bringe bitte Holzplättchen und Lötkolben mit.

Gegenkandidaten sollten sich im eigenen Interesse vorher bei mir melden, damit ich ihnen erklären kann, worauf sie sich da einlassen.«

Wie jeden Freitagabend nach dem Training saßen dann also 25 schwitzende Männer und Frauen in der Sauna, ohne Holzplättchen und Lötkolben, und hoben zwischen Aufguss zwei und Aufguss drei einmal die Hand. Nicht gerade geheim, dafür aber fast hundert Prozent Wahlbeteiligung. Ungültige Stimmen? Keine. Und beschwert hat sich bis heute auch niemand. Nur der Obmann will im nächsten Semester nicht wieder antreten.

Studenten der Uni Mainz informieren den Techniker

FACEBOOK.COM/TECHNIKERISTINFORMIERT, MAINZ

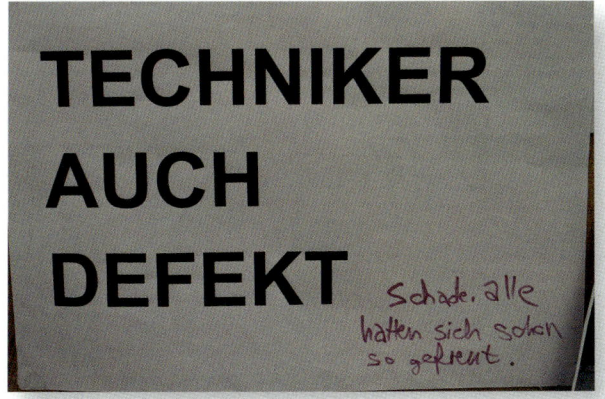

FACEBOOK.COM/TECHNIKERISTINFORMIERT, MAINZ

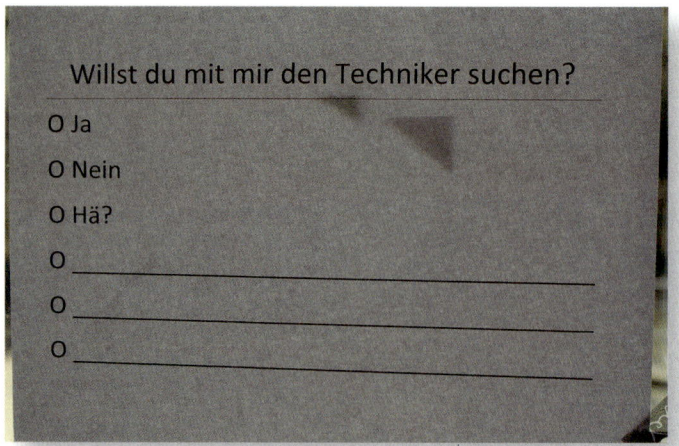

Willst du mit mir den Techniker suchen?

O Ja

O Nein

O Hä?

O _____

O _____

O _____

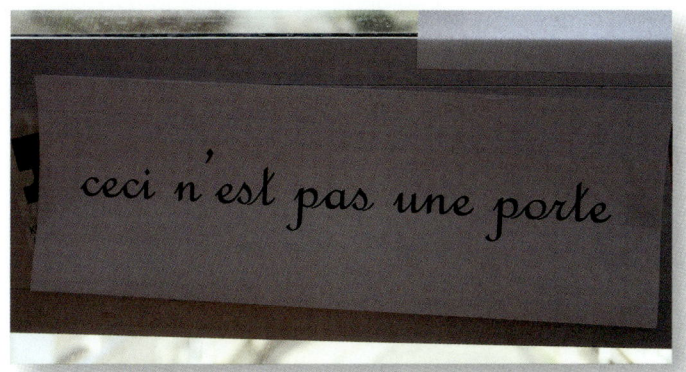

FACEBOOK.COM/TECHNIKERISTINFORMIERT, MAINZ

FACEBOOK.COM/TECHNIKERISTINFORMIERT, MAINZ

FACEBOOK.COM/TECHNIKERISTINFORMIERT, MAINZ

FACEBOOK.COM/TECHNIKERISTINFORMIERT, MAINZ

FACEBOOK.COM/TECHNIKERISTINFORMIERT, MAINZ

In Deutschland wurde schon oft der Techniker informiert. Auch vor dem Tag im Februar 2015, der #technikeristinformiert nicht nur zu einem tausendfach verwendeten Hashtag werden ließ, sondern auch außerhalb des Internets Menschen schmunzeln lässt, besonders die jungen.

Angefangen hatte alles mit einem Zettel an der Universität Mainz: »Defekt«, hatte ein Mitarbeiter an eine kaputte Tür gehängt. Und: »Techniker ist informiert.« Der ließ sich allerdings so lange Zeit, die Tür zu reparieren, dass immer mehr Zettel auftauchten. »Techniker auch defekt«, stand da. Und: »Your Techniker is bad and you should feel bad.« Und: »I don't know when the door will be fixed and at this point I am too afraid to ask.«

Die Studenten klebten sogenannte Image Macros, die sind immer gleich aufgebaut: großes, meist bekanntes Foto, wenig Text, meist angelehnt an ein berühmtes Zitat, oft sehr lustig. Läuft im Internet.

Studenten fotografierten die Fotos, twitterten, instagrammten, posteten, likten und teilten sie bei Facebook. Irgendwann widmete ein Student der Tür dort eine eigene Seite: »Es begann alles mit einer defekten Tür und einem Techniker. Doch was dann geschah, versetzte alle in Staunen!«, schrieb er. Mehr als 14 000 Menschen gefiel das.

Die Tür ist zum Meme geworden, einem Internetphänomen. Nachdem die defekte Tür in Mainz so viele Menschen erfreute, wurde auch andernorts der Techniker informiert, beim 32. Chaos Communication Congress zum Beispiel, in der Redaktion des *Stern*, ja, sogar die grüne Bundestagsabgeordnete Tabea Rößner twitterte das Foto eines defekten Kopierers und schrieb dazu: »So, schauen wir mal, wie gut die KollegInnen im Bundestag ihre Memes können, #technikeristinformiert.«

Und an der Uni Erlangen-Nürnberg standen Jurastudenten vor einem prall gefüllten, aber defekten Süßigkeitenautomaten und dachten an Aragorn, der in *Herr der Ringe* im Angesicht des Todes sagte: »Der Tag mag kommen, an dem der Mut der Menschen erlischt, doch dieser Tag ist noch fern!« Also schrieben sie: »Es wird der Tag kommen, an dem der Süßigkeitenautomat repariert wird, doch dieser Tag ist noch fern!« Später bemühten sie Giovanni Trapattoni, Edmund Stoiber, Uli Hoeneß, ja, sogar Otto von Bismarck.

Nach drei Wochen wurde der Automat in Erlangen schließlich repariert, auch an der Uni Mainz ist die Tür wieder heil. Eigentlich schade.

Pamela verliert gegen das Internet

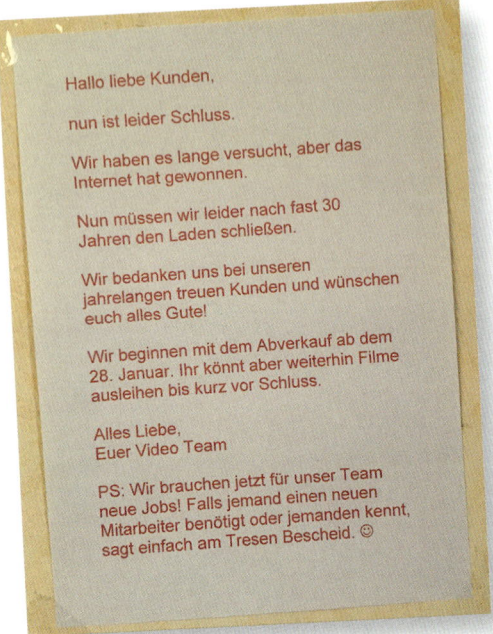

Hallo liebe Kunden,

nun ist leider Schluss.

Wir haben es lange versucht, aber das Internet hat gewonnen.

Nun müssen wir leider nach fast 30 Jahren den Laden schließen.

Wir bedanken uns bei unseren jahrelangen treuen Kunden und wünschen euch alles Gute!

Wir beginnen mit dem Abverkauf ab dem 28. Januar. Ihr könnt aber weiterhin Filme ausleihen bis kurz vor Schluss.

Alles Liebe,
Euer Video Team

PS: Wir brauchen jetzt für unser Team neue Jobs! Falls jemand einen neuen Mitarbeiter benötigt oder jemanden kennt, sagt einfach am Tresen Bescheid. ☺

FRAUKE LÜPKE-NARBERHAUS, HAMBURG

»Wann müsst ihr raus?«, fragt die Kundin. »In einer Woche«, sagt Pamela. »Das ist zum Kotzen«, sagt die Kundin und geht.

»Wieso macht ihr zu?« »Es ist so schade, dass ihr schließt!« »Das tut mir so leid!« Solche Sätze, sagt Pamela, höre sie derzeit zigmal am Tag. Auch von jenen, die schon seit Jahren kein Video mehr ausgeliehen haben, die sich schon längst ihre Filme im Internet besorgen, die das, was sie jetzt bedauern, selbst verursacht haben.

Seit zehn Jahren arbeitet Pamela in der Videothek im Schanzenviertel, seit fünf Jahren kommen immer weniger Kunden, Anfang des Jahres schrieb sie dann diesen Zettel: »Hallo liebe Kunden, nun ist leider Schluss. Wir haben es lange versucht, aber das Internet hat gewonnen.«

Der Räumungsverkauf läuft, von den rund 5000 Filmen sind noch ein paar Dutzend übrig, im Regal hinter Pamela liegt noch Schokolade. Ansonsten viel Leere.

Pamela ist ein bisschen traurig, nicht verzweifelt oder verbittert. Menschen seien eben bequem, es sei nun mal praktisch, alles im Internet zu bestellen. Aber es sei auch kalt und mache einsam. Die Filmauswahl im Internet sei viel schlechter, sagt Pamela, die Inspiration und die besonderen Filme gingen verloren. Und überhaupt, wer berät einen denn schon im Internet? Sie selbst, sagt sie, habe noch keinen Film im Netz geschaut. Nur manchmal diese amerikanischen Serien, das müsse sie zugeben.

Eine neue Arbeit hat Pamela noch nicht. Sie habe viele Bewerbungen geschrieben, sagt sie. Nur bei einer Videothek habe sie sich nicht beworben.

Petra, 49, verbietet Laptops im Café

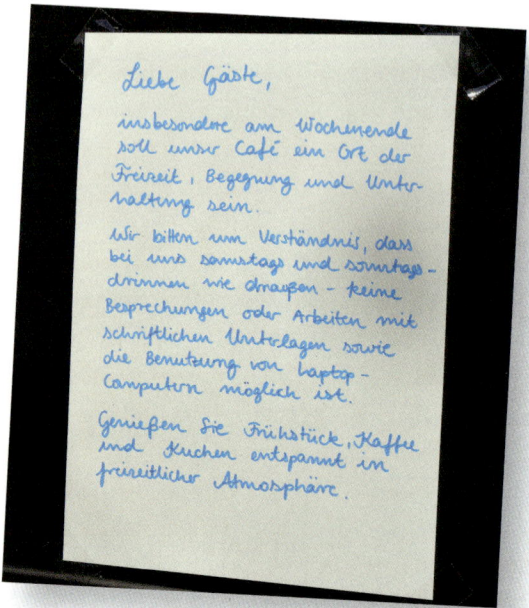

Liebe Gäste,

insbesondere am Wochenende soll unser Café ein Ort der Freizeit, Begegnung und Unterhaltung sein.

Wir bitten um Verständnis, dass bei uns samstags und sonntags - drinnen wie draußen - keine Besprechungen oder Arbeiten mit schriftlichen Unterlagen sowie die Benutzung von Laptop-Computern möglich ist.

Genießen Sie Frühstück, Kaffee und Kuchen entspannt in freizeitlicher Atmosphäre.

KRISTINA WINTER

Sie liebt ihr Café, lange hatte sie davon geträumt. Sie möchte, dass ihre Gäste sich wohlfühlen, dass ihnen der Apfelstreuselkuchen schmeckt, den sie gebacken hat, dass sie ihn weiterempfehlen, dass sie gern zurückkommen. Denn natürlich muss Petra, 49, auch Geld verdienen. Sonst stirbt ihr Traum.

Es begann vor rund 35 Jahren in einem kleinen Städtchen in Süddeutschland. Damals besuchte Petra die Oberstufe, in den Freistunden streunte sie mit ihren Freunden durch die Stadt. Ein gescheites Café habe es nicht gegeben, erinnert sie sich, nur ein Kaufhaus, in dem die Heiße Schokolade aus Kakaopulver und Wasser bestand, und ein Café, in der die Bedienung Schüler nicht mochte. Damals ärgerte sie das, heute grummelt sie auch manchmal über Gäste, die in zwei Stunden nur einen Tee bestellen oder, noch besser: ein Glas Leitungswasser. Bitte.

Während der Freistunden spazierte Petra immer wieder am Fluss entlang, der sich durch den Ort schlängelt, und sah dieses unbebaute Grundstück am Flussufer. Da ein Gartencafé. Das wär's, dachte sie damals.

Nach der Schule studierte sie trotzdem erst einmal, arbeitete, dachte an ihre Freistunden am Fluss und entdeckte irgendwann wieder ein leeres Plätzchen. Nicht auf dem Land, sondern in der Stadt, nicht am Fluss, sondern an der Straße, nicht mit Garten, draußen sitzen geht trotzdem.

Zwei Jahre arbeitete Petra für ihren Traum, sie schliff in dem Ladenlokal die Dielen ab, baute einen Tresen ein, besorgte kleine Schneekugeln und legte sie in die Schubladen der Holztische.

Vor rund sieben Jahren eröffnete sie ihr Café. Seitdem nehmen immer wieder Gäste die eine oder andere Schneekugel in die Hand und beobachten, wie der Schneestaub glitzernd durchs Wasser wirbelt. Seitdem sitzen im Sommer die Gäste im Hinterhof, eingerahmt von einer Lichterkette in Blau, Rot, Gelb und Grün. Seitdem ist der Laden voll, besonders am Wochenende. Dann verdient Petra das Geld, das ihren Traum am Leben hält.

Petra hat geschafft, was sie wollte: Ihre Gäste lieben das

Café. So sehr, dass sich viele ganz wie zu Hause fühlen: Aus dem Handy der einen Mutter blasen Föngeräusche, weil ihr Kind dann ruhiger schläft, die andere legt ihr Baby zum Wickeln auf den Tisch, und das junge Pärchen kauft sich in der Bäckerei nebenan Brötchen und Latte Macchiato, will aber im Café zur Toilette. Bitte. Ausnahmsweise. Diese Ausnahmen sind für Petra Alltag.

Und dann gibt es da noch die digitale Boheme: Sie klappen im Café ihre Laptops auf und nippen an einem Cappuccino. Senden E-Mails. Nippen. Schreiben Konzepte. Nippen. Pitchen ein Projekt. Nippen. Instagramen die Schneekugel. Nippen. Für mehr Kaffeekonsum fehlt bei so viel Arbeit natürlich die Zeit.

»Wie soll ich Geld verdienen, wenn nicht über Essen und Trinken?«, fragt Petra.

Nicht nur sie sorgt sich wegen solcher Gäste um ihren Umsatz: Schon 2005 haben in Berlin Gastronomen Laptops aus ihren Läden verbannt, ein Café im US-Bundesstaat Vermont nahm zwischenzeitlich 20 Prozent mehr ein, nachdem man dort Computer verboten hatte, selbst die Deutsche Bahn untersagte schon Laptops in ihren Speisewagen, weil die Tippgeräusche Kunden belästigen. Eigentlich wollte Petra jeden willkommen heißen und nichts verbieten.

Bis an einem Samstag im Herbst ein Streit eskalierte.

Drei Frauen, Anfang 20, erinnert sich Petra, setzten sich an einen Tisch und bestellten Kaffee, Minztee, Soja-Latte, zwei bis drei Euro pro Getränk. Dann klappten sie die Laptops auf und fingen an, ein Referat vorzubereiten. Das kann dauern.

Sie habe die Gäste gebeten, ihre Laptops wegzuräumen,

sagt Petra. Zunächst freundlich, dann wütend, dann aufbrausend. Sie kann manchmal etwas schroff sein, sie weiß das. Die Gäste verstanden das Problem nicht, vielleicht wollten sie nicht verstehen. Berechtigten Kaffee, Minztee und Soja-Latte nicht dazu, die Zeit im Café so zu verbringen, wie sie es wollten? Ist der Kunde etwa nicht mehr König? Eine Frechheit! Wir zahlen nicht!

Petra vermutet heute, dass sie Jura studierten, denn sie hätten angefangen, mit »Vertrag durch Irrtum« zu argumentieren. Sie hätte das Laptopverbot an die Tür schreiben müssen, sagten sie. Und noch einmal: Wir zahlen nicht! Auf keinen Fall!

Schließlich holte Petra die Polizei, sie wusste nicht weiter. Die Polizei nahm die Personalien auf, Petra überlegte zu klagen. Sie wüsste gern, was Richter sagen: Haben Gäste ein Recht darauf, im Café ihren Laptop zu benutzen?

Bis sie eine Antwort hat, hängt ein Zettel an der Tür:

»Liebe Gäste, insbesondere am Wochenende soll unser Café ein Ort der Freizeit, Begegnung und Unterhaltung sein. Wir bitten um Verständnis, dass bei uns samstags und sonntags – drinnen wie draußen – keine Besprechungen oder Arbeiten mit schriftlichen Unterlagen sowie die Benutzung von Laptop-Computer möglich ist. Genießen Sie Frühstück, Kaffee und Kuchen entspannt in freizeitlicher Atmosphäre.«

Petra möchte sich nicht noch einmal so mit ihren Gästen streiten. Schließlich hängt sie an ihrem Traum, genauso, wie viele Gäste an ihrem Café hängen, den Schneekugeln und dem Apfelstreuselkuchen. Vielleicht sollten sie ihn häufiger bestellen, statt ihn nur zu fotografieren.

Swen Meusel, 52, bekämpft Pferdewitze mit Pferdewitzen

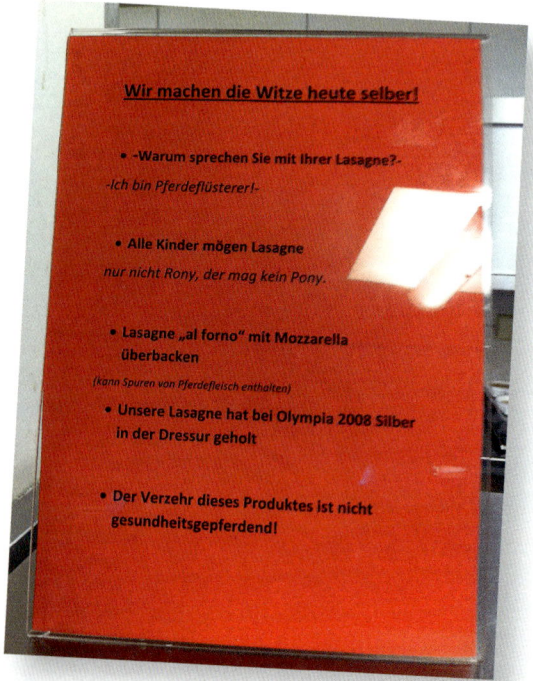

Wir machen die Witze heute selber!

• -Warum sprechen Sie mit Ihrer Lasagne?-
-Ich bin Pferdeflüsterer!-

• Alle Kinder mögen Lasagne
nur nicht Rony, der mag kein Pony.

• Lasagne „al forno" mit Mozzarella
überbacken
(kann Spuren von Pferdefleisch enthalten)

• Unsere Lasagne hat bei Olympia 2008 Silber
in der Dressur geholt

• Der Verzehr dieses Produktes ist nicht
gesundheitsgepferdend!

JULIANE FRISSE, MÜNCHEN

Lebensmittelskandale hat er schon einige erlebt. Schließlich leitet Swen Meusel, 52, schon seit Jahren die Kantine des Bayerischen Rundfunks. Aber so viele Witze wie im Februar 2013 wurden selten gemacht, von den Kollegen, den Kunden, den Medien. Millionen Verbraucher ekelten und empörten sich damals über als Rind deklariertes Ross in Lasagne, Döner und Leberwurst. Viele witzelten:

»Das Essen ist pfertig!«

»Die Lasagne kann Spuren von Nüstern enthalten!«

»Der Verzehr dieses Produkts ist gesundheitsgepferdend!«

Selbst bei Essen, die garantiert kein Pferd enthalten, mussten sich die Kollegen und Kolleginnen an der Ausgabe immer wieder dieselben Sprüche anhören. Schließlich hatte der Kantinenchef genug. Er notierte einfach alle Pferdefleischwitze, die ihm einfielen, und schrieb darüber: »Wir machen die Witze heute selber!« Dann hängte er den Zettel in die Kantine. »Um die Ausgabekraft zu entlasten«, sagt er.

Hat funktioniert: Die Kantinenbesucher hätten viel geschmunzelt, erzählt Swen Meusel. Sie fotografierten, twitterten und posteten den Zettel auf Facebook. Die Kommentare dort? Noch mehr Pferdewitze. Zum Wiehern.

Die Schlüsselverwaltung bittet von Rückfragen abzusehen

Wir machen
Nur Schlüssel
Für alle anderen
Belange, sind wir leider
nicht zuständig.

Große Unternehmen wollen Großes leisten, den Umsatz steigern, Kunden gewinnen, neue Geschäftsfelder erobern. Dafür sitzen Manager mit Maßanzügen in Konferenzräumen mit Panoramablick, sprechen über ihre Visionen, entwickeln Strategien und vergessen ihre Mitarbeiter. Jene Kollegen, die schon vor Dienstantritt die Minuten bis zum Feierabend rückwärts zählen. Jene, die wollen, dass alles bleibt, wie es ist, wenigstens bis zur Rente. Solche gibt es überall, auch bei der Telekom, wie ein Zettel zeigt.

Bei der Telekom arbeiten weltweit 229 000 Mitarbeiter, davon 67 000 in Deutschland, hinzu kommen externe

Dienstleister. Dazu gehört auch das Büro im Erdgeschoss der Zentrale: Jeder Kollege musste schon einmal in der Schlüsselverwaltung antreten. Da müsse man irgendwie durch, sagen Mitarbeiter über diesen Termin. Früher einmal erhielten sie hier auch ihre Hausausweise, doch dafür sind jetzt andere zuständig.

Die Schlüsselverwalter sind, so erzählt man es sich im Haus, sehr korrekte Menschen. Gut möglich, dass sie an Wochenenden den Rasen ihres Schrebergartens mit der Nagelschere stutzen. Die Herren der Schlüssel mögen es offensichtlich nicht, wenn jemand Wünsche hat, die sie nicht erfüllen wollen, äh, können. Denn an der Tür hängt der Zettel: »Wir machen nur Schlüssel. Für alle anderen Belange sind wir leider nicht zuständig.«

Der Telekom-Chef sinniert sicher oft über seine Visionen, mehr Cloud Computing, weniger Telefonzelle. Bislang ist nichts darüber bekannt, dass er Schlüssel gegen Chipkarten tauschen möchte. Ist vermutlich besser so.

Herr S. verteidigt Nazipostkarten

Aus Aktuellem Anlass:

Ich vertreibe KEINE Nazi Propaganda in Form von Postkarten und ähnlichem Dingen. Es handelt sich um Sammlerartikel die auch in Warnemünde Offiziell verkauft werden dürfen wenn das Hoheitszeichen abgedeckt ist.

Also jegliche Anzeigen bei der Polizei sind völlig sinnlos weil ich mir nichts Gesetzwidriges zu Schulden kommen lasse.

Bitte immer mal daran denken es ist nur ein Teil unserer Geschichte. Vielleicht ist möglich das ich weiterhin in Ruhe ohne Polizeibesuche arbeiten kann, ich tue keinem was böses wenn ich eine Postkarte von 1939-45 verkaufe.

FRAUKE LÜPKE-NARBERHAUS, WARNEMÜNDE

Er kann gar nicht mehr arbeiten. Ständig steht die Polizei in seinem Geschäft und sucht Hakenkreuze. So liest sich der Zettel, den der 53-jährige Herr S. in sein Geschäft gehängt hat. Nervig seien diese Besuche, sagt er. »Kinderkram.«

Mehr als sein halbes Leben verkauft er schon Antiquitäten, früher in Frankfurt am Main und Umgebung, vor ein paar Jahren zog er dann nach Mecklenburg-Vorpommern. Während eines Urlaubs hatte er sich in Warnemünde verliebt. Das Meer, die Möwen, die liebevoll restaurierten Häuser.

In eines dieser Häuser zog er auch mit seinem Antiquitätengeschäft. Es sei nicht leicht gewesen, was zu finden, erzählt er. Der erste Makler habe gefragt: »Sie kommen nicht aus Warnemünde? Dann bekommen Sie ohnehin keinen Fuß in die Tür.« Aufgelegt.

Er fasste Fuß. Bis zu 450 Kunden kämen im Sommer, zur Hochsaison, in sein Geschäft, drei kleine Zimmer plus Flur. Sie schauen sich die alten Vasen an, die Münzen, die Bilder, manche staunen über seine Lego-Figurensammlung, keine Antiquität, läuft aber trotzdem.

Und hin und wieder besuchen ihn auch jene Kunden, die sich für den Zweiten Weltkrieg interessieren. Ein alter Herr komme regelmäßig aus Hamburg, erzählt der Händler. Der Mann wisse, dass er im Laden Sammlerstücke finde.

Die alten Ausgaben des *Völkischen Beobachters* beispielsweise, der Zeitung der NSDAP. Oder diese Postkarte: darauf Teile des damaligen Reichs, inklusive Sudetenland, das die Tschechoslowakei nach dem Münchner Abkommen an Deutschland abtreten musste. Darunter der Text »Wir danken unserm Führer«. Die Hakenkreuz-Symbole auf der

Postkarte hat Herr S. abgedeckt, schließlich ist es in Deutschland verboten, »Kennzeichen verfassungswidriger Organisationen« öffentlich zu verwenden. Herr S. hält sich an Gesetze.

Hat er nicht trotzdem Bedenken? Mit den Überbleibseln der Nationalsozialisten Geld zu verdienen? Wenn die Karten, die Orden, die Zeitungen in falsche Hände geraten? An Rechtsradikale? Und überhaupt: Wie lebt es sich mit dem Verdacht, selbst mit Rechtsradikalen zu sympathisieren?

Herr S. antwortet genervt auf solche Fragen. Er sieht sich als Geschäftsmann. Er möchte seinen Kunden etwas bieten, allen Kunden. Der eine sammelt Lego-Figuren, der andere hat einen Führer-Fetisch. Er selbst, betont Herr S., habe mit Rechtsradikalen nichts zu tun. Er lebe nun mal von Antiquitäten, und Hitler gehöre zur deutschen Geschichte.

Das schrieb er auch auf diesen Zettel, den er Ende Oktober an seine Ladentür gehängt hat. Ein paar Tage zuvor habe ihn die Polizei im Geschäft besucht, jemand habe sich beschwert über die Führer-Postkarte. Angezeigt hat ihn allerdings niemand. Auch davor habe es gegen ihn bislang nur eine Anzeige wegen Naziüberbleibseln gegeben, sagt die zuständige Polizei.

Die Beamten stehen also nicht ständig in seinem Laden. Herr S. übertrieb ein wenig, als er den Zettel schrieb. Vielleicht weil er so wütend war, dass ihn zum zweiten Mal jemand angeschwärzt hatte. Vielleicht weil er Geschäftsmann ist. Denn er sagt, ganz Warnemünde spreche über seinen Zettel. »Eine bessere Werbung gibt es nicht.«

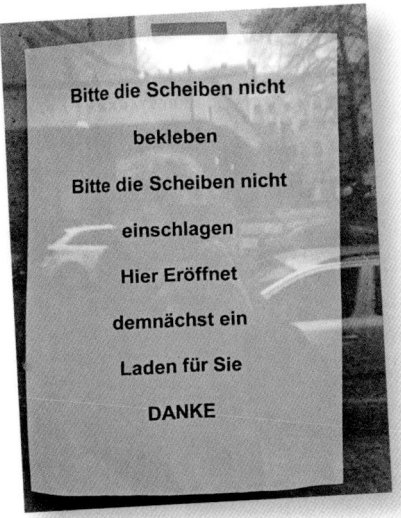

Bitte die Scheiben nicht

bekleben

Bitte die Scheiben nicht

einschlagen

Hier Eröffnet

demnächst ein

Laden für Sie

DANKE

BERLIN

Eigentlich möchte er gar nicht darüber reden. Er möchte nicht noch mehr Wut auf sich ziehen, möchte nicht zeigen, wie sehr ihn die beiden Anschläge verletzt haben, wie wütend er auch heute noch ist, ein Jahr nach dem ersten Übergriff. »Die freuen sich doch wie Helden, wenn sie sehen, dass sie jemandem wehgetan haben«, sagt Matthias, der eigentlich anders heißt.

»Die«, das sind 10 bis 15 »unbekannte Randalierer«, wie es die Berliner Polizei im Mai formulierte. Sie warfen in der Nacht Farbbeutel an einen Neubau in Berlin-Kreuzberg, und das Rot fraß sich in die Fassade. Sie rissen Poller aus dem Bürgersteig und schmissen sie in die Schaufenster. Danach zündeten sie eine Dixi-Toilette vor dem Haus an und flüchteten.

Matthias gründete vor 20 Jahren eine Bauträgergesellschaft, er vermittelt heute zwischen Kunden, Architekten, Bauarbeitern. Bislang, sagt er, habe er nur in Ostdeutschland gebaut. Das Haus in Kreuzberg sei seine erste Bekanntschaft mit Westdeutschland gewesen – und die erste mit Gentrifizierungsgegnern. Er selbst ist in Pankow geboren, ehemals DDR, er berlinert stark, sagt »jetzte« und »weeßte«.

Ein paar Stunden nach dem Anschlag, um 5 Uhr 50 landeten die ersten Fotos vom zerstörten Neubau in Matthias' Posteingang. Ein Kollege, der mit ihm auf der Baustelle arbeitet, hatte sie gemacht. Es war der zweite Angriff auf das Haus binnen weniger Monate. »Uns allen war schlecht«, sagt Matthias. Ohnmächtig habe er sich zunächst gefühlt und dann verletzt, wütend, fassungslos, demotiviert. Das Haus, an dem neun Männer monatelang gebaut hatten, heftig beschädigt. Der Staatsschutz hat die Ermittlungen aufgenommen.

Matthias sieht sich auf der Seite der Guten: Er verdränge niemanden aus seinem alten Zuhause, betont er. Er baue neue Wohnungen, schaffe zusätzlichen Wohnraum. »Wir haben keine Dollarzeichen in den Augen«, sagt er. Und trotzdem: Mit seinem Neubau inklusive Echtholz-Einzelstabparkett lockt er natürlich ein bestimmtes Klientel an. Und das wird in Berlin nicht überall gern gesehen.

So haben Aktivisten im Internet eine »Berliner Liste« veröffentlicht, »Mieter*innen stressen zurück«, lautet das

Motto. »Wer sich als Teil der antisozialen Stadtumstrukturierung hervortut, kommt auf die Liste«, heißt es auf der Webseite. Hier stehen die Adressen von Neubauten, Investoren, Wohnungsbaugesellschaften.

In dem Kreuzberger Haus sind die Wohnungen inzwischen vergeben, die ersten Geschäftsleute bereiten sich auf ihre Kunden vor. Bei einem Friseur, der sich mit dem Namen »Vorhair Nachhair« in die lange Reihe verunglückter Haarschneider-Wortspiele einreiht, hängt ein Zettel im Fenster: »Bitte die Scheiben nicht bekleben Bitte die Scheiben nicht einschlagen / Hier eröffnet demnächst ein Laden für Sie / DANKE.« Durch die beiden Anschläge verzögert sich alles.

Matthias und seine Mitarbeiter werden die Arbeiten in Kreuzberg beenden und sich dann aus dem Westteil der Stadt zurückziehen. »Wir machen jetzt nur noch den Osten schöner«, sagt er. Denn dort, das glaubt er, gelernt zu haben, passiert so etwas nicht. Seine Kinder haben nicht so viel Verständnis. Sie sagen: »Papa, die Mauer ist schon vor einer Weile gefallen.«

Paul, 33, treibt einen Keil zwischen sich und seine Nachbarn

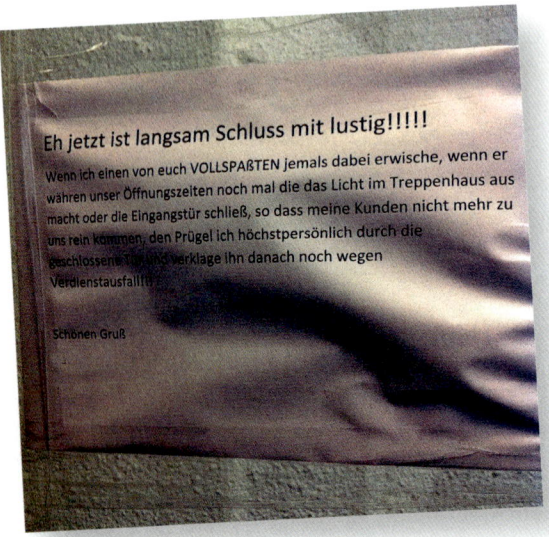

Eh jetzt ist langsam Schluss mit lustig!!!!!

Wenn ich einen von euch VOLLSPAßTEN jemals dabei erwische, wenn er während unser Öffnungszeiten noch mal die das Licht im Treppenhaus aus macht oder die Eingangstür schließ, so dass meine Kunden nicht mehr zu uns rein kommen, den Prügel ich höchstpersönlich durch die geschlossene Tür und verklage ihn danach noch wegen Verdienstausfall.

Schönen Gruß

Wenn einem Geschäft die Kunden ausgehen, muss sich der Inhaber fragen: Falsches Angebot? Falscher Standort? Falsche Zeit? Falsche Preise? Zu viel Konkurrenz? Paul stellte sich irgendwann nur noch eine Frage: Ist die Eingangstür verschlossen?

Paul, der eigentlich anders heißt, ist 33 Jahre alt, ihm gehört ein kleines Geschäft, dort verkauft er Sprühdosen, Farbschutzanzüge, Skizzenbücher, Stifte. Wer ein Graffiti sprühen möchte, findet, was er braucht. Paul sprüht selbst, wünscht sich mehr legale Flächen für die Straßenkunst, aber er findet, auf Kirchen und Denkmälern hätten die Bilder, die Tags, Throw-Ups und Bombings nichts verloren.

Vor etwa zwei Jahren zog Paul mit seinem Geschäft in einem Bürogebäude ins Untergeschoss. Die Tür zum Haus steht ein Spalt offen – sofern der kleine Keil richtig liegt und so verhindert, dass sie zufällt. In dem Gebäude, sagt Paul, gebe es nur seinen Einzelhandel, ansonsten viele Büros. Die Menschen gehen zur Arbeit, schließen den Eingang auf, verlassen das Büro wieder, die Tür fällt ins Schloss, der Letzte löscht das Licht. Und Pauls Kunden stehen draußen vor der Tür.

Etwa einmal pro Woche sei das früher schon passiert, schätzt Paul. Er und seine Mitarbeiter bemerken es oft erst dann, wenn sie zur Raucherpause die Treppe nach oben gehen. Oder wenn die Kunden ausbleiben. An manchen Tagen, schätzt Paul, mache er dadurch schon mal 1000 Euro weniger Umsatz. Er glaubt nicht an böse Absicht seiner Nachbarn, er meint, dass hier jemand nicht mitdenkt. Dass seine Nachbarn einfach den Keil vergessen.

Paul spricht ruhig und freundlich, er sagt, er habe eigentlich ein gutes Verhältnis zu seinen Hausmitbewohnern. Er und sein Team würden immer gern helfen, sie nähmen die Pakete an, schenkten Kaffee aus. Immer wieder habe er seine Nachbarn auf die verschlossene Tür angesprochen, sagt er. »Immer wollte es keiner gewesen sein.«

Das ließ ihn mehr und mehr verzweifeln. Deswegen hat er vor mehr als einem Jahr diesen Zettel an die Eingangstür gehängt. Er schreit darin seine Nachbarn förmlich an: »Wenn ich einen von euch Vollspaßten jemals dabei erwische, wenn er während unserer Öffnungszeiten noch mal das Licht im Treppenhaus ausmacht oder die Eingangstür schließt, sodass meine Kunden nicht mehr zu uns rein kommen, den prügle ich höchstpersönlich durch die geschlossene Tür und verklage ihn danach noch wegen Verdienstausfall!!! Schönen Gruß.«

Paul weiß, wie der Zettel rüberkommt. Heute sagt er entschuldigend: »Nach so langer Zeit kommt eben irgendwann ein böser Schrieb heraus.« Der Zettel hängt immer noch. Seitdem sei die Tür nicht mehr ganz so oft verschlossen, sagt Paul.

Gut fürs Geschäft, schlecht für den Nachbarschaftsfrieden: »Eventuell«, mutmaßt ein Büromitarbeiter, »hatte der Paul auch schon mal Kontakt mit einer Hochspannungsleitung beim Sprayen auf dem Bahnhofsgelände.«

Welches dumme Schwein klaut meine Pflanzen? Schämen sollst du dich!!! Pfui Deibel!!!!!

FRAUKE LÜPKE-NARBERHAUS, HAMBURG

Es ist nicht immer leicht, freundlich zu sein zu seinen Kunden und gut gelaunt. Rena, 68, klein, blond, rundlich, bemüht sich trotzdem stets darum – und abgesehen von diesen zwei Wochen im Sommer ist ihr das bisher gelungen.

Seit zehn Jahren betreibt Rena ihren Copyshop »Gut wie gedruckt« in Hamburg-Eimsbüttel, irgendwo zwischen veganer Wohnküche »Happenpappen« und vegetarischer Feinkost »Grete Schulz«, eineinhalb Jahre noch, dann geht sie in Rente. Drei Zimmerchen, viel Papier, immer Bonbons auf dem Tresen und viele Zettel an der Wand, von Voltaire bis Plattitüde: »Da es sehr förderlich für die Gesundheit ist, habe ich beschlossen, glücklich zu sein.« Und: »Sex wird total überschätzt.«

»Halloooooo«, ruft sie immer durch den Laden, wenn einer die Tür aufstößt. »Grüß schööööön«, ruft sie beim Gehen. Sie schnackt gern und weiß, wer mit wem. Rena bezeichnet den Laden als »ihre heile Welt«. Sie erwartet, dass man hier höflich und respektvoll miteinander umgeht. Sie sagt: »Die Welt kann ich nicht verändern. Aber in meinem Laden wird sich anständig verhalten. Wer das nicht respektiert, muss gehen.«

Zu ihrem Geschäft gehört ein Beet, zwei mal drei Meter vielleicht, sie kann es vom Schreibtisch aus sehen. Dreimal im Jahr bepflanzt sie es, Frühling, Sommer und Herbst, im Winter verteilt sie Tannenzweige und eine Lichterkette.

In diesem Sommer hat sie rund 200 Pflanzen eingegraben, zwei Tage hatte sie daran gearbeitet. Am Morgen danach kam sie zur Arbeit und – »Haaaaaaaahhhhhh«, ruft sie jetzt, noch immer ganz aufgebracht. 15 Pflanzen fehlten. Rausgerissen. Nicht zum ersten Mal: Einmal haben sie ihr schon die Lichterkette zerschnitten, einfach so, einmal haben sie einen Gartenzwerg geklaut, ein Geburtstagsgeschenk, er sah aus wie Rena.

Ganz erbost sei sie gewesen, sagt Rena heute. Also rein in den Laden und ran an den Computer: »Welches dumme Schwein klaut meine Pflanzen? Schämen sollst du dich!!! Pfui Deibel!!!!!« Sicherheitshalber laminierte sie den Zettel. »Der sollte halten«, sagt Rena, damit der Dieb ihn sehen und sich schämen kann. Schließlich, sagt Rena, habe sie ja auch Gefühle.

Den Eimsbüttelern gefiel das nicht, genau genommen, sagt Rena, fanden es einige richtig widerlich, diese »Fäkaliensprache«. Rund 30 Leute klopften deswegen bei ihr an, darunter auch ein wenig Zuspruch, gerade von den Jüngeren im Viertel. Rena fragt: »Ist Klauen etwa okay und sich dagegen wehren nicht? Hätte ich schreiben sollen: Du ungezogener Lümmel, du? Oder lieber Dieb? Klauen ist doch nicht lieb.«

Nach zwei Wochen pflanzte Rena das Beet neu und nahm den Zettel ab. Dauerhaft passte er dann doch nicht so gut in ihre heile Welt.

FRAUKE LÜPKE-NARBERHAUS, HAMBURG

FRAUKE LÜPKE-NARBERHAUS, HAMBURG

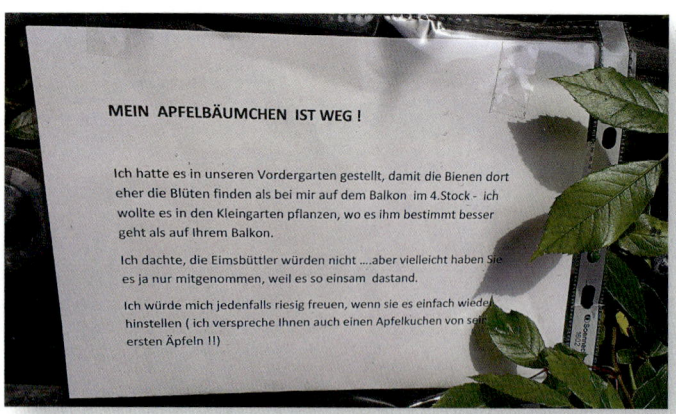

HAMBURG

Frau Spahn, 66, verweigert die Sommerzeit

ERIC ENGELBRACHT, BERLIN

Sie kommt jetzt in das Alter, in dem sie nicht mehr alles mitmachen will. Das Herz, der Blutdruck, der Stress. Mit 66 Jahren, sagt Renate Stahn, sei sie erwachsen, selbstständig. Sie trifft jetzt ihre eigenen Entscheidungen. Deswegen hat Frau Stahn auf einem Zettel verkündet: Sie werde die Zeitumstellung am Sonntag boykottieren.

Millionen Deutsche würden gern handeln wie sie. Wem

gefällt schon dieses vor, zurück, früher dunkel, später dunkel, länger schlafen, kürzer schlafen? Energie spart das nicht, es zehrt an den Kräften. Millionen Deutsche können nicht handeln wie sie. Was würde der Chef sagen? Die Lehrer?

Frau Stahn kann es sich leisten, in ihrer eigenen Zeit zu leben: Sie ist ihre eigene Chefin. Ihr gehört eine Zoohandlung in der Berliner Dunckerstraße, und sie ist in ihrem Kiez Prenzlauer Berg ein kleiner Star. Eine Urberlinerin eben, von denen in dem Viertel heute nicht mehr viele leben.

Ihr Zettel hat sie berlinweit bekannt gemacht: Der *Berliner Kurier* feierte Frau Stahn als »Sommerzeit-Rebellin«, die *Berliner Zeitung* als »Verweigerin«. Der *Tagesspiegel* schrieb, Frau Stahn denke, was sie fühle, und sage, was sie denke: »Freie Schnauze, ein halbes Jahrhundert Kiez, nur immer raus damit.«

Frau Stahn sagt, eine Stunde Zeitverlust sei eine ganze Menge für alte Menschen, für Kinder, für Tiere. Früher einmal verkaufte sie in ihrer Zoohandlung Papageien, Hamster, Ratten, Kaninchen. Das lohne sich heute nicht mehr, sagt sie. Die Kunden kauften lieber im Internet oder in Polen oder beim Züchter. Derzeit warten noch ein Wellensittich und 20 Kanarienvögel in ihrem Laden auf ein neues Zuhause.

Schon länger habe sie gemerkt, dass ihre Vögel unter der Zeitumstellung leiden, sagt Frau Stahn. Sie dösten auf der Stange, Kopf unterm Flügel. Die brauchen einen Tierarzt, hätten die Kunden gesagt. Die brauchen Schlaf, wusste Frau Stahn.

Im vergangenen Jahr dann traute sie sich endlich und hängte diesen Zettel an den Laden: »Wieder wird die Zeit umgestellt – entgegen aller Logik und besseren Wissens. Ich halte diese Zeitumstellung für völlig falsch! Deshalb teile ich mit: Ich boykottiere diese Zeitumstellung und mache sie nicht mit. Meine Zeit bleibt die ganz normale mitteleuropäische Zeit! Bitte beachten Sie das bei meinen Öffnungszeiten. Vielen Dank!«

Den Kunden gefalle ihr Protest, sagt Frau Stahn. Keine Beschwerden, nur Respekt, Verständnis und, ja, wahrscheinlich auch ein bisschen Neid.

ULRICH FELGER

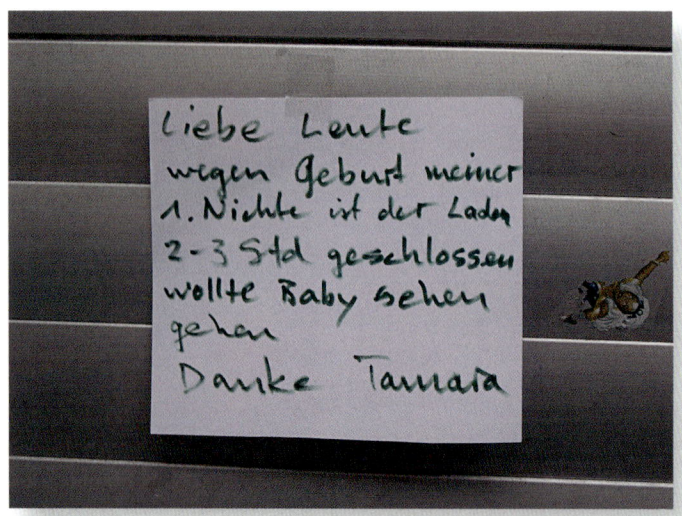

Liebe Leute
wegen Geburt meiner
1. Nichte ist der Laden
2-3 Std geschlossen
wollte Baby sehen
gehen
Danke Tamara

STEFAN OCHABA, ZÜRICH

Auf ist,
wenn auf
ist!

ULRIKE SCHNEIDER, FÖHR

ROMY MLINZK, HAMBURG

Was spricht die Stadt, Herr Hanzer?

Der Grafikdesigner und Hochschuldozent Markus Hanzer, Jahrgang 1955, hat für sein Buch *Krieg der Zeichen* genau hingehört, was Städte zu sagen haben. Im Interview mit Zettelgold erklärt er, was er verstanden hat und wer in der Stadt am lautesten schreit.

Zettelgold: Plakate, Straßenschilder, Street-Art, Leuchtreklame und immer wieder Zettel – Städte sind voller Zeichen. »Die Stadt spricht«, schreiben Sie deswegen in Ihrem Buch. Was hören Sie, wenn Sie durch die Stadt gehen?
Hanzer: Wenn ich ein bestimmtes Ziel vor Augen habe, dann höre ich wahrscheinlich gar nichts, weil ich zu fokussiert bin. Ganz anders, wenn ich eine neue Stadt erkunde.
Welche Zeichen nehmen Sie in einer neuen Stadt als erste wahr?
Werbung. Die füllt ja inzwischen Hauswände. Danach sehe ich Street-Art, in Städten wie Paris und Berlin bemalen Künstler ja auch große Flächen. Dann wird es kleinteilig: Straßenschilder, Aufkleber, Zettel.
Sie widmen diesen Zeichen ein Buch, es heißt *Krieg der Zeichen. Spurenlesen im urbanen Raum.* Wann haben Sie erstmals bewusst all diese Spuren wahrgenommen?
Ich bin in Wien geboren, im Bundesland Vorarlberg aufgewachsen und zum Studium zurück nach Wien gezogen. Ich hatte die Stadt nur ein paarmal besucht und trotzdem ein klares Heimatbild im Kopf, das sich vor allem aus den vielen Zeichen der Stadt zusammensetzte. Während meines

Studiums verschwanden sie allmählich. Ich fürchtete mich vor einem Identitätsverlust und begann deswegen, sie zu fotografieren, die individuellen Namenszüge an kleinen Geschäften, die Straßenschilder, die auf Kutschen hinweisen. Sie geben einer Straße erst ein Gesicht.

Gerade große Städte quellen über vor Zeichen, in Dörfern hingegen sind die Hausfassaden nackt.

Die Menschen kennen sich, sie müssen nichts an Häuser schreiben.

Oder auf Zettel.

Wenn jemand auf dem Dorf etwas braucht, dann wendet er sich an seine Freunde und Bekannte. Er würde keinen Zettel aufhängen und um Hilfe bitten, weil er es nicht kennt, dass Fremde ihn unterstützen. Hinzu kommt, dass man auf dem Land meist schnell weiß, wer einen Zettel geschrieben hat. Gerade provokante Botschaften lassen sich in der Stadt leichter formulieren.

Die Großstadt spricht also eine andere Sprache, die nicht jeder sofort versteht?

Ja, denn gerade Menschen in Großstädten sind aufeinander angewiesen. Sie achten oft viel genauer darauf, was andere wollen, denken und fühlen. Auf dem Land wohnt jeder in seinem Haus, hier kann er machen, was er will. In der Stadt reiht sich Balkon an Balkon, und die Menschen teilen sich dieselbe Mülltonne. Ein Mieter weiß: Wenn ich mich nicht anständig benehme, dann bin ich die Wohnung wieder los.

Und wenn man nachts einen Nagel in die Wand schlägt, hängt am nächsten Tag ein Zettel im Flur.

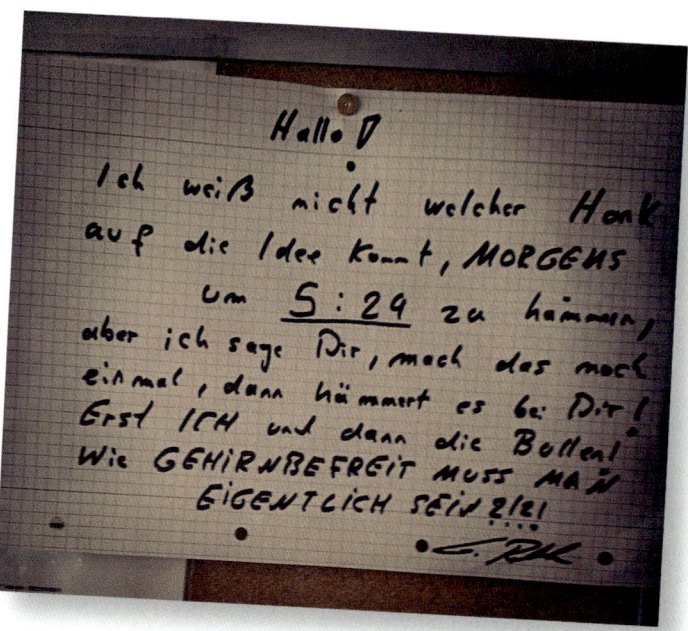

SIMON KREMER, HAMBURG

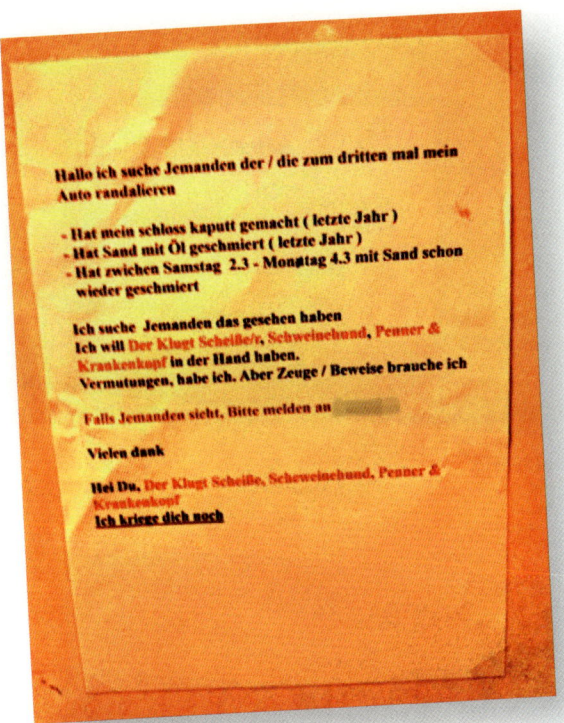

Hallo ich suche Jemanden der / die zum dritten mal mein
Auto randalieren

- Hat mein schloss kaputt gemacht (letzte Jahr)
- Hat Sand mit Öl geschmiert (letzte Jahr)
- Hat zwichen Samstag 2.3 - Montag 4.3 mit Sand schon
  wieder geschmiert

Ich suche Jemanden das gesehen haben
Ich will Der Klugt Scheiße/r, Schweinehund, Penner &
Krankenkopf in der Hand haben.
Vermutungen, habe ich. Aber Zeuge / Beweise brauche ich

Falls Jemanden sicht, Bitte melden an

Vielen dank

Hei Du, Der Klugt Scheiße, Schweinehund, Penner &
Krankenkopf
ich kriege dich noch

MARCO MAAS/FOTOGRAFIRMA.DE, HAMBURG

Jemanden direkt zu konfrontieren ist natürlich schwieriger,
als einen Zettel zu schreiben. Es besteht immer die Gefahr
der unkontrollierbaren Gegenreaktion.

Also helfen solche Zettel, den Hausfrieden zu wahren?

Sie erleichtern es zumindest, peinliche Botschaften zu über-
bringen.

Wobei manche Zettel auch wahnsinnig aggressiv sind. Sie
schreien förmlich.

PAOLO SEYFARTH

LUKAS HEGER

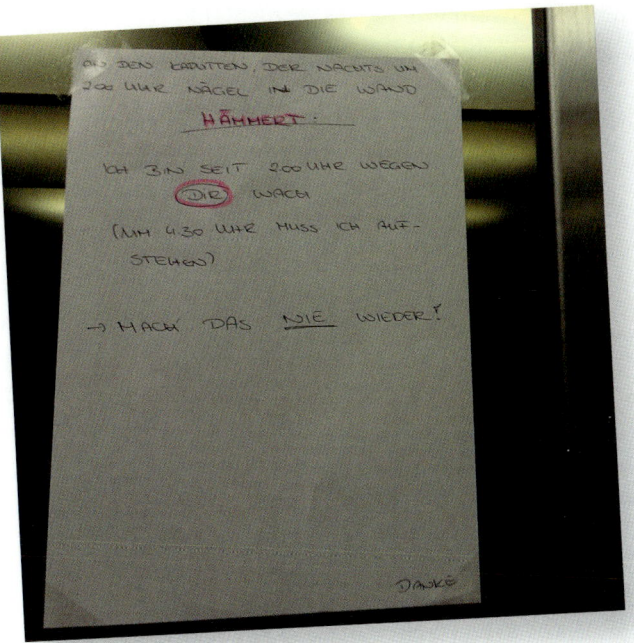

BERLIN

Ja, das kann natürlich auch eskalieren. In einem Hausflur in Wien stand mal auf einem Zettel, die Nachbarn sollten doch bitte nachts das Licht ausmachen, es würde beim Schlafen stören. Daraufhin schrieben die Nachbarn auch einen: »Wir haben ein Kleinkind. Sorry! Sollen wir es in der Nacht verhungern lassen?« Das ging hin und her.

Sie sagten, in der Stadt ist großflächige Werbung besonders sichtbar, Zettel sehen daneben mickrig aus. Wo sollte ich einen Zettel aufhängen, damit er auch gesehen wird?

Das kann ich so pauschal nicht sagen. Es gibt Menschen, die

sehen keine Werbung, weil es sie nicht interessiert. Wer Zettel sehen will, der sieht sie auch. Meist finden wir aber dort einen Zettel leichter, wo wir ihn auch erwarten, am Schwarzen Brett im Supermarkt zum Beispiel. Das haben wir gelernt, um uns leichter in einer Stadt voller Zeichen zurechtzufinden. Das ist im Prinzip vergleichbar mit Schuhgeschäften und Restaurants: Die häufen sich auch oft in einer Ecke.

Worauf sollte ein Zettelschreiber noch achten?

Nicht nur auf den Inhalt, sondern auch auf die Form: Ein handschriftlicher Zettel wirkt anders als ein getippter. Auch die Handschrift sagt viel aus: Ist sie mir sympathisch? Hat ein Kind den Zettel geschrieben oder ein Erwachsener? Wurde die Botschaft hingeschmiert oder fast schon gemalt?

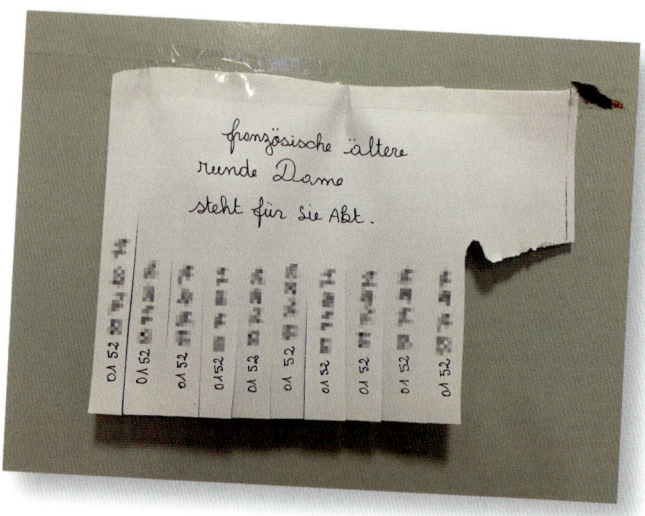

FRAUKE LÜPKE-NARBERHAUS, HAMBURG

130

FRAUKE LÜPKE-NARBERHAUS, HAMBURG

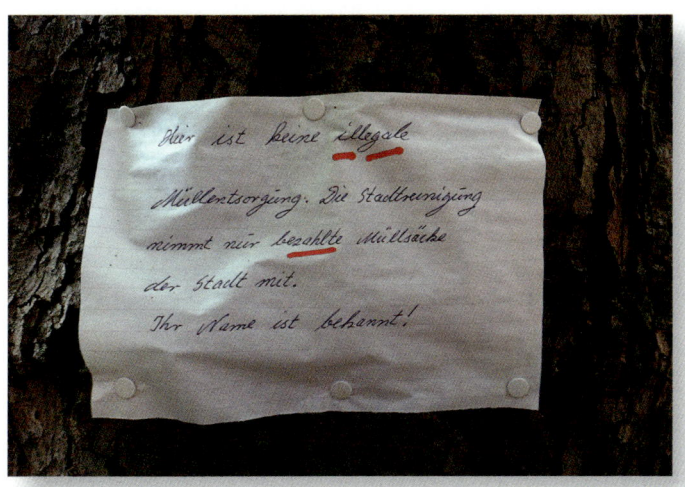

FRAUKE LÜPKE-NARBERHAUS, HAMBURG

»Wir kannten uns zwar nicht, aber ich trug einen schönen Tanga.« In dem Fall hat eine Frau einen Mann gesucht, den sie bei einer Demo in Berlin gesehen hat. Warum nutzen viele Menschen die Stadt als Suchmaschine?

DENNIS POLLACK, BERLIN

Es gibt ja oft keine andere Möglichkeit, auch im Internet weiß man nicht, wer auf welchen Kanälen erreichbar ist. Es ist nicht unwahrscheinlich, dass ein Mensch wieder dort vorbeikommt, wo er sich schon einmal aufgehalten hat. Zudem hat so ein Zettel etwas sehr Persönliches und Intimes, das kann viel auslösen. Wer macht sich heute noch die Mühe und schreibt einen Zettel, vielleicht sogar von Hand? Das hat eine andere Qualität, als etwas im Internet zu posten.

Jedes Zeichen in der Stadt verfolgt ein anderes Ziel und hat eine andere Wirkung. Was machen Zettel mit einer Stadt?

Ich empfinde sie als Geflüster. So, wie Pflanzen manchmal durch den Asphalt wachsen, so holen sich Menschen mit Zetteln ihren Raum zurück. In einem Internat in Salzburg gibt es sehr lange Gänge mit vielen Türen. Die Studenten haben als Erstes Zettel an ihre Tür geklebt, um zu zeigen, welche ihre ist – und um den Flur menschlicher zu gestalten. Die Architekten haben es verboten, es würde den Raum verunstalten. Genau dieser Kampf wird ja auch in Städten immer wieder geführt.

In Hamburg kümmert sich die »Zentralstelle für Wildplakatierung« auch um Zettel. Wer Pech hat, muss Strafe zahlen. Ein Fehler?

Für das Klima in der Stadt ist so eine Zentralstelle tödlich. Der Mensch braucht Zeichen, um seine Identität zu finden und zu behalten. Gerade in der Stadt, wo viele Kulturen gegeneinander kämpfen. Jede Kultur muss sich ausdrücken können – teilweise auch sehr subtil. Wenn ein Skater Spuren am Bordstein sieht, weiß er: Aha, hier hat schon jemand geskatet. Die höchste Lebensqualität haben nicht die Städte, die sauber geschrubbt sind, sondern diejenigen, in denen Subkulturen sich ausdrücken können. Dort halten Menschen sich gern auf. Deswegen ist auch Berlin so interessant: Hier spüre ich die Geschichte der Stadt, hier sehe ich die verschiedenen Kulturen – und extrem viele Zettel. Hier flüstern sie nicht nur, hier reden sie sogar richtig laut.

FRAUKE LÜPKE-NARBERHAUS, HAMBURG

Walter Witt, 70 Jahre, ehemaliger Postbeamter, ehemaliger Protestant, seit zehn Jahren in Rente, zieht abends, wenn es dunkel ist, man muss ja etwas vorsichtig sein, durch Hamburg und schreibt einen Satz: »Die Bibel ist ein Märchenbuch.« Immer in Druckbuchstaben, immer mit schwarzem Edding, immer auf weiße, ungenutzte Plakatflächen und Litfaßsäulen, damit niemand ihm Sachbeschädigung vorwirft.

Am Anfang, sagt Walter Witt, habe er noch nicht gewusst,

was legal ist und was illegal. Deswegen habe er auch lange auf Post der Polizei gewartet, nachdem sie ihn zum ersten Mal erwischt hatte. Doch nichts passierte.

Schon als Konfirmand hatte Walter Witt einen Verdacht: Damals im Unterricht habe er vermutet, dass nicht so ganz stimmen könne, was in der Bibel steht. Als Rentner hatte er dann endlich Zeit und suchte eine neue Aufgabe, wie so viele Menschen in dem Alter. Er erinnerte sich an das ungute Gefühl von damals aus der Konfirmandenzeit und begann die Bibel zu studieren.

Ihm gefiel nicht, was er da las. Deswegen trat er aus der Kirche aus und fing an, sich beim Deutschen Humanistentag und im Fachverlag für Kirchenkritik zu engagieren, deswegen erarbeitete er eine Literaturliste mit kirchenkritischen Texten. Er schrieb Hunderte Briefe an Politiker und Journalisten, der *Stern* hat schon einen gedruckt, die Hamburger Neue Kirchenzeitung und immer wieder die Harburger Anzeigen und Nachrichten. Er wandte sich an den Petitionsausschuss des Bundestags und bat darum, die Bibel verbieten zu lassen; schließlich fordere sie unter anderem die Todesstrafe für Homosexualität und Ehebruch. Der Ausschuss wies seine Eingabe ab, die Erfolgsaussichten standen einfach nicht so gut.

Insgesamt bekam Walter Witt aber nicht die Aufmerksamkeit, die er sich wünschte. »Dabei«, sagt er, »geht es hier um eine wichtige Sache.« In der Bibel stehe ziemlich viel Unfug. Das wolle er, als wahrheitsliebender Mensch, geraderücken. Religionen seien überhaupt das »Negativste, was der Menschheit widerfahren ist«, sagt Walter Witt. So viel Unheil, so viele Kriege, so viel verschwendetes Geld.

Er musste mehr tun als Briefe schreiben. Deswegen suchte er nach einem Satz, einem, der zum Nachdenken anregt und niemanden vor den Kopf stößt. »Die Bibel ist ein Märchenbuch« ist so ein Satz, findet Walter Witt. Im Winter 2005 nahm er zum ersten Mal einen dicken Filzstift mit in die Nacht und schrieb ihn an eine Litfaßsäule.

Freilich gefällt sein Engagement nicht jedem. Polizisten nähmen ihm während seiner Touren immer wieder sein »Handwerkszeug« weg, klagt Walter Witt, deswegen nimmt er jetzt immer einen zweiten Stift mit. Auch Passanten sprächen ihn an – nicht immer freundlich: »Christenmenschen sind sehr aggressiv und gefährlich«, sagt er.

HAMBURG

Umgekehrt halten jene ihn mitunter für provokant und greifen selbst zum Stift. So beichtete ein Theologe in seiner Predigt: »Habe ich mir doch neulich einen Edding gekauft und in einer Nacht-und-Nebel-Aktion voller Bekennermut ein ›K‹ vor das ›ein‹ gemacht und die Aussage ins Gegenteil verkehrt. Das arbeitet und brodelt in mir. Solche Provokationen fallen bei mir auf fruchtbaren Boden.« Andere schreiben auch einfach nur: »Amen.«

Und Walter Witt? Er polarisiert weiter. Schließlich hat er eine Mission.

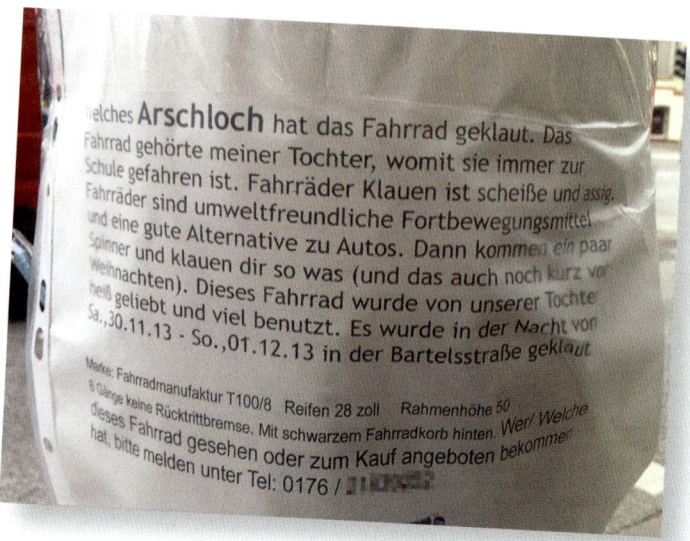

elches **Arschloch** hat das Fahrrad geklaut. Das Fahrrad gehörte meiner Tochter, womit sie immer zur Schule gefahren ist. Fahrräder Klauen ist scheiße und assig. Fahrräder sind umweltfreundliche Fortbewegungsmittel und eine gute Alternative zu Autos. Dann kommen ein paar Spinner und klauen dir so was (und das auch noch kurz vor Weihnachten). Dieses Fahrrad wurde von unserer Tochter heiß geliebt und viel benutzt. Es wurde in der Nacht von Sa.,30.11.13 - So.,01.12.13 in der Bartelsstraße geklaut

Marke: Fahrradmanufaktur T100/8   Reifen 28 zoll   Rahmenhöhe 50
8 Gänge keine Rücktrittbremse. Mit schwarzem Fahrradkorb hinten. Wer/ Welche dieses Fahrrad gesehen oder zum Kauf angeboten bekommen hat, bitte melden unter Tel: 0176 / ▇▇▇▇▇▇

HAMBURG

Er bringt zum Ausdruck, was viele fühlen: die ungeheure Wut auf Menschen, die sich einfach nehmen, was ihnen nicht gehört. Dabei lernt man doch schon im Kindergarten den Unterschied zwischen mein und dein.

Michael ist Mitte 40 und heißt eigentlich anders, er lebt mit seiner Familie in einem Hamburger Szeneviertel. Er fährt gern mit dem Fahrrad durch die Stadt, ihm gefällt es, »schwups« am Ziel zu sein, ohne im Stau zu stehen, ohne umsteigen zu müssen. »Cool« findet er das. Er spricht ruhig, sanft, leise. Dieser Wutausbruch auf dem Zettel mag nicht recht zu ihm passen: »Welches Arschloch hat das Fahrrad geklaut?«, hatte er geschrieben. Und: »Fahrräder Klauen ist scheiße und assig.«

Michael findet die Wortwahl angemessen. Er sagt: »So kann man ruhig Leute betiteln, die Fahrräder klauen.« Am liebsten hätte er sie seitenlang beschimpft – aber wer soll das alles lesen? Also beschränkte er sich auf ein paar Zeilen, druckte sie rund 30 mal aus und hängte sie im Kiez auf.

Die Diebe hatten kurz vor Weihnachten das Fahrrad seiner zwölfjährigen Tochter gestohlen, 700 Euro hatte es gekostet, ein paar Monate war es erst alt. Eigentlich sollte das Rad sie die nächsten Jahre begleiten.

Im Schnitt werden in Hamburg am Tag 43 Räder geklaut, rund 16 000 waren es im Jahr 2015. Die Aufklärungsquote der Polizei liegt im niedrigen einstelligen Bereich. Michael weiß das. Er glaubt auch nicht, dass der Zettel ihm das Rad zurückbringt. Versuchen wollte er es trotzdem. Allein seine Wut aufzuschreiben hat schon gutgetan.

Seine Tochter soll bald ein neues Fahrrad bekommen. Diesmal wird Michael es versichern.

Kevin Patten, Kamp-Lintfort

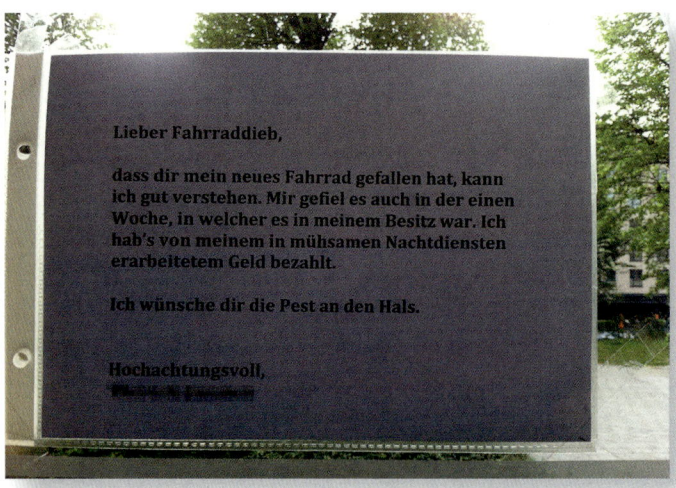

Frauke Lüpke-Narberhaus, Hamburg

ANNA-LENA REIMERS, HAMBURG

JÖRG QUICKELS, KÖLN

Frauke Lüpke-Narberhaus, Berlin

Oliver Pape, Dresden

ACHTUNG! ACHTUNG! ACHTUNG! ACHTUNG!
FINDERLOHN!!!!!

An den/die Ehrlose/n, der/die am 12.5.2013 mein geliebtes Fahrrad direkt vor meiner Haustür geklaut hat.

München ist kleiner als du denkst, mein Freund.

Wenn du dich am sichersten fühlst, werde ich dich finden – und im Knast ist man nicht grad zimperlich mit Fahrraddieben!!!

Bring's wieder zurück und du hast nichts zu fürchten! BITTE!!!!

FAKTEN:
HERCULES MOUNTAINBIKE
FARBE: SCHWARZ LILA
BESONDERHEIT: STICKER AN EINER STANGE und ZIEMLICH ALT (30Jahre)

Aufmerksame Bürger sind aufgerufen, falls sie mein Rad sehen, bitte sofort mich (und die Polizei anzurufen)!!!!

Belohnung: Grenzenlose Zuneigung und Geld!

ALBERT WOGNAR, MÜNCHEN

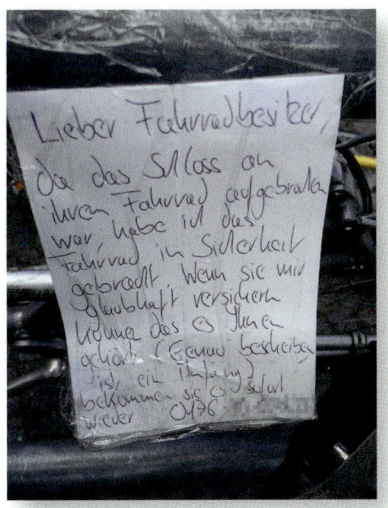

RANIAH SALLOUM, BERLIN

Ein Dieb zeigt Reue

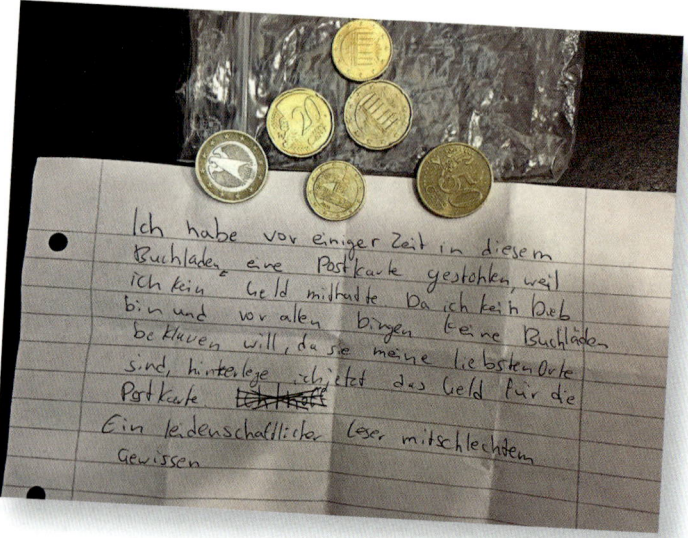

Ich habe vor einiger Zeit in diesem Buchladen eine Postkarte gestohlen, weil ich kein Geld mithatte. Da ich kein Dieb bin und vor allen Dingen keine Buchläden bekluen will, da sie meine liebsten Orte sind, hinterlege ich jetzt das Geld für die Postkarte ~~Bahkof~~

Ein leidenschaftlicher Leser mit schlechtem Gewissen

GEORG BÜCHNER BUCHLADEN, BERLIN

Ich bin Vegetarier. Ich bin Mutter. Ich bin ehrlich. Verlässlich. Sportlich. Pünktlich. Homosexuell. Solche Gedanken helfen Menschen, sich in dieser irren Welt zurechtzufinden. Sie helfen zu zeigen, wer man ist, wer man nicht ist oder wer man gern wäre. Solche Gedanken können Menschen auch plagen, nämlich dann, wenn man etwas getan hat, das dagegen verstößt. So wie bei diesem Berliner, der kein Dieb ist.

In Prenzlauer Berg sind die Häuser weiß und das Kopfsteinpflaster blank, in dem Berliner Stadtteil hat sich viel verändert in den vergangenen Jahren, die Eckkneipen wichen den Yogastudios, die Urberliner den Schwaben, »Georg Büchners Buchladen« blieb. Seit 20 Jahren verkaufen die Mitarbeiter am Kollwitzplatz Dramen, Krimis, Kladden, Kalender, Postkarten. Das meiste wird bezahlt, hin und wieder wird geklaut. Und dann, an einem Montag im Sommer, lag unerwartet etwas vor der Tür.

An diesem Morgen um 9 Uhr 30 entdeckte ein Mitarbeiter ein kleines Plastiktütchen an der Ladentür, es steckte hinter der Jalousie. Darin: ein paar Münzen und ein Zettel.

»Ich habe vor einiger Zeit in diesem Buchladen eine Postkarte gestohlen, weil ich kein Geld mithatte. Da ich kein Dieb bin und vor allen Dingen keine Buchläden beklauen will, da sie meine liebsten Orte sind, hinterlege ich jetzt das Geld für die Postkarte. Ein leidenschaftlicher Leser mit schlechtem Gewissen.«

Lustig fanden die Mitarbeiter das, ein bisschen übertrieben vielleicht. »Wenn man schon was klaut, dann richtig«, sagen sie. Sie machten ein Foto, posteten es auf ihrer Facebook-Seite und erinnerten bei der Gelegenheit an die Postkarte als Kommunikationsmittel. Ja, schrieben sie, es gebe sie noch. »Man kann auf ihnen kleine Nachrichten schreiben, also twittern offline.«

Das Netz freute sich: Tausende applaudierten, lachten, teilten, viele feierten den Dieb, der inzwischen ja keiner mehr ist. Der sich also sagen kann: Ich war ein Dieb. Und ich bin ehrlich.

KUNST

Tina Lorenz, 34, entgendert Toiletten

ENTGENDERTES KLO °—FÜR MEHR BEGEGNUNG—°

BRITTA SCHULTEJANS, MAXHÜTTE-HAIDHOF

Tina Lorenz (@twena), Jahrgang 1981, ist eine Berlinerin in Bayern. Seit Ende der 90er-Jahre engagiert sie sich im Chaos Computer Club, seit 2012 in der Piratenpartei. Als Piratin sitzt sie im Stadtrat Regensburg – und schreibt manchmal Zettel, die nicht überall gut ankommen.

Zettelgold: »Entgendertes Klo – für mehr Begegnung«, das haben Sie zum Landesparteitag der Piraten in Bayern auf einen Zettel geschrieben. Warum?

Lorenz: Weil es einen wahnsinnigen Männerüberschuss gab, dementsprechend lange mussten die Männer vor der Toilette warten, bei den Frauen ging es schnell. Deswegen habe ich die Klos entgendert.

Was heißt »ein wahnsinniger Männerüberschuss«?

Genau weiß ich es nicht mehr, wahrscheinlich etwa 80 Prozent Männer. Ich kenne das schon von Nerd-Veranstaltungen wie dem Chaos Computer Club. Dort entgendern sie die Toiletten schon lange.

Braucht man diese »mehr Begegnung« zwischen Mann und Frau denn ausgerechnet auf der Toilette?

Das war humoristisch gemeint, damit es den Jungs leichter fällt, aufs Frauenklo zu gehen. Von allein wären sie nicht auf die Idee gekommen. Das ist auch erst mal verständlich, schließlich haben wir diese Zweiteilung »Mann und Frau« verinnerlicht: Schon als Kind haben wir gelernt, ob wir auf die Frauen- oder Männertoilette gehen sollen.

Was Sie scherzhaft als Ort der Begegnung bezeichnet haben, begreifen manche aber tatsächlich als Schutzraum.

Ja, deswegen würde ich persönlich auch nicht allgemeingültig Unisex-Toiletten fordern, sondern immer den Einzelfall betrachten. Im Theater zum Beispiel sind die Frauenklos regelmäßig überfüllt und die von den Männern leer, da würden sich solche Toiletten anbieten. Anders in Schulen: In dieser Zeit des Heranwachsens, wenn der Körper sich gerade verändert, ist jeder gern für sich.

Wie haben die Zettel Ihren Parteikollegen gefallen?

148

Nicht besonders gut, deswegen wurden sie auch mehrmals entfernt. Das war ein Riesending. Mit einem zwei Meter großen Hünen habe ich lange darüber diskutiert.

Sie argumentieren praktisch: Unisex-Toiletten können helfen, Wartezeit zu reduzieren. Andere fordern eine Toilette für alle, um Transgendern den Alltag zu erleichtern, also jenen Menschen, die sich nicht für ein Geschlecht entscheiden wollen oder können. Davon gibt es – je nach Schätzung – Tausende bis Zehntausende Menschen.

Für mich als Kommunalpolitikerin wären Transgendertoiletten nicht das allererste Thema auf der Tagesordnung. Aber Inklusion und Barrierefreiheit zum Beispiel sind ja auch nur für eine Minderheit wichtig, die wir aber aktiv schützen und fördern wollen.

Berlin hat schon erste Unisex-Toiletten eingerichtet, im Bezirksamt Mitte zum Beispiel. Auch für München haben Ihre Piraten-Kollegen im Stadtrat durchgesetzt, dass zumindest geprüft wird, wo und wie viele Unisex-Toiletten sich in öffentlichen Gebäuden einrichten ließen. Wie kommen solche Ideen im konservativen Bayern an?

Grundsätzlich gibt es wenig Gegenwehr. Es ist eine Inklusionsmaßnahme wie Bürgersteige absenken, die nicht mal viel Geld kostet: Sie erfordert keine baulichen Maßnahmen, sondern nur neue Toilettenschilder – und ein Umdenken im Kopf.

Aber ist nicht genau Letzteres das eigentliche Problem: Ist es dem bayerischen Bauern nicht egal, wie viel Geld es kostet? Geht es nicht vielmehr darum, dass Transgendertoiletten nicht mehr – wie von Gott gewollt – zwischen Mann und Frau unterscheiden?

Ich selbst komme aus Berlin, lebe seit acht Jahren in Bayern und muss sagen: Die bayerischen Bauern sind progressiver, als man denkt. Es geht hier um Klos, da wird nicht am Männerbild gerüttelt. Sie müssen ja nicht mal Unisex-Toiletten genannt werden. In Wien habe ich das Hackspace »metalab« mitgegründet, hier unterscheiden wir zwischen einem Stehpinkler- und einem Sitzpinklerklo.

Wenn die bayerischen Bauern schon so fortschrittlich sind, was sagen Sie dem CSU-Grantler, um ihm die Angst zu nehmen?

Das fällt mir tatsächlich sehr schwer, weil ich nicht weiß, warum man vor einer Unisex-Toilette Angst haben sollte. Ob ich neben mir einen Mann pinkeln höre oder eine Frau, ist mir ehrlich gesagt egal. Eine öffentliche Toilette ist so oder so kein angenehmer Ort – und trotzdem muss jeder hin.

RANIAH SALLOUM

150

Welcher **Vollidiot** verstopft andauernd das WC, indem er die festen Papiertücher hineinwirft?

Ist das Gedankenlosigkeit oder nur Dummheit und falls ja, wie haben Sie hier Ihren Job bekommen, wenn Sie das als normal empfinden?

Machen Sie das zuhause auch?

Jan-Christian Engel

Matthias Wendt, 36, sucht ein Erbe

JUNGE WEIMARER
KÜNSTLERFAMILIE
HAT ERNSTHAFTES
INTERESSE AN
GRÖSSERER
ERBSCHAFT!

CHRISTIANE FUCHS, WEIMAR

Matthias Wendt, Jahrgang 1980, in Satow geboren, war nach einer Lehre zum Steinmetz drei Jahre auf Wanderschaft. Seit 2014 lebt er mit seiner Freundin in Weimar.

Zettelgold: Darf ich Ihnen schon zu einem Erbe gratulieren?

Wendt: Nein, bisher noch nicht.

Hat sich denn jemand auf Ihren Aufruf gemeldet?

Eine Person wollte mir eine Tischtennisplatte vererben. Aber das war ein Missverständnis. Die Platte stand auf dem Sperrmüll, und meine Freundin und ich hatten zufällig einen Zettel drangehängt.

Wie viele Zettel haben Sie aufgehängt?

Insgesamt rund 50. Dabei wollten wir eigentlich gar keinen aufhängen, sondern eine Anzeige in der *Frankfurter Allgemeinen Zeitung* inserieren. Wir haben uns spontan für den Zettel entschieden, weil wir diese Art der Kommunikation toll finden. Wir haben schon dreimal via Zettel eine Wohnung gesucht und gefunden.

»Junge Weimarer Künstlerfamilie hat ernsthaftes Interesse an größerer Erbschaft«, schreiben Sie. Ist Ihre finanzielle Situation als Künstler denn so schlecht?

Ich arbeite als Bildhauer und gehöre quasi schon zu den Großverdienern im Kunstbereich. Seit zehn Jahren arbeite ich selbstständig und kann gut davon leben. Im Gegensatz zu den meisten anderen Künstlern musste ich noch nie etwas anderes als Kunst machen, um Geld zu verdienen. Das empfinde ich als privilegiert.

Warum dann der Zettel?

Ich habe gar nicht damit gerechnet, wirklich etwas zu erben. Es ging mir um Gespräche und Diskussionen. Es ist doch so: Wenn du dir als Normalsterblicher heute eine Wohnung kaufen willst, musst du schon erben, du kannst dir das gar nicht selbst erarbeiten. Du wirst heute nur reich, wenn du erbst.

Aber ist es nicht gerecht, wenn die Kinder das bekommen, was ihre Eltern sich erarbeitet haben?

Ja, na klar ist es schön, wenn man zu den Erben gehört. Aber was ist mit der Chancengleichheit? Sollte nicht jeder die gleichen Möglichkeiten haben aufzusteigen? In Deutschland können Menschen alle zehn Jahre steuerfrei 400 000 Euro an ihre Kinder verschenken. Daran sieht man doch eindeutig, dass diese Gesetze von Politikern gemacht wurden, die selbst viel zu vererben haben. Unsereins kann diese Summe sein ganzes Leben nicht erarbeiten. Das ist doch Wahnsinn.

Hört sich so an, als würden Sie nichts erben.

Zumindest keine Eigentumswohnung und kein Haus.

Wenn schon kein Erbe, ergab sich denn etwas anderes durch den Zettel?

Weimar ist klein. Der Zettel ist einem überall begegnet, die Leute haben darüber geredet, und irgendwann hatte sich auch herumgesprochen, dass ich ihn geschrieben habe. Ich habe mit einigen Freunden und Bekannten daraufhin darüber gesprochen: Einige fanden den Zettel dreist, andere sagten, sie würden nicht zugeben, dass sie nichts erben werden. Keine reiche Gönnerin aus Stuttgart also, dafür ein Haufen interessanter Gespräche.

Mark Wehrmann, 45, begräbt gute Ideen

Friedhof der guten Ideen

Der Friedhof der guten Ideen versammelt Projekte, die Menschen aufgegeben haben. Zum Teil freiwillig, zum Teil durch äußere Umstände gezwungen.

Nach wie vor führen wir das Projekt fort. Jeder, der sich angesprochen fühlt, kann mit mir einen Gesprächstermin vereinbaren. Wir reden dann über das Projekt und finden gemeinsam einen Satz, der die Idee auf den Punkt bringt.

Mark Wehrmann

FRAUKE LÜPKE-NARBERHAUS, HAMBURG

Mark Wehrmann hat in Braunschweig und Hamburg freie Kunst studiert. Er lebt und arbeitet in Hamburg.

Zettelgold: Sie begraben eine gute Idee, statt sie zu unterstützen. Ist das nicht ein bisschen traurig?

Wehrmann: Ich habe niemanden gedrängt oder auch nur motiviert, seine Idee aufzugeben. Mit vielen Menschen habe ich sehr lang geredet, und die meisten wollten auch an ihren Ideen festhalten.

Haben Sie Ideen wiederbelebt?

Mein Projekt hat die Menschen direkt angesprochen: Was haben Sie eigentlich noch in der Schublade? Was wollten Sie immer noch mal realisieren? Das hat sicherlich den ein oder anderen aufgerüttelt.

Warum ist es wichtig, sich von Ideen zu verabschieden?

Ich weiß nicht, ob es wichtig ist, ich habe nur ein Angebot gemacht. Bevor jemand realisiert, dass er eine Idee nicht umsetzen wird, hat er sich ja viele Gedanken gemacht, manchmal sogar jahrelang. Der Friedhof würdigt diese Ideen. Sie hören nicht einfach auf, sondern bekommen einen Schlusspunkt. Manch einer hoffte auch, dass jemand von der Idee liest, sie aufgreift und doch noch realisiert. Zum Beispiel: Das Reparadies, eine Annahmestelle für Reparaturen aller Art. Der Mann hinter dieser Idee sagte: Ich bin davon überzeugt, nur bin ich nicht derjenige, der im Geschäft am Tresen sitzen wird.

Auf einem Stein steht zum Beispiel: »Die Mona Lisa von hinten malen.« Das klingt nicht nach einer wirklich ernst gemeinten Idee.

Das sollte ja keine Karikatur werden, sondern ein richtiges Gemälde. Es ging um die Frage: Was sieht die Mona Lisa? Wo schaut sie hin? Die Person hinter dieser Idee wollte erst mal so gut malen lernen, dass sie diese Idee verwirklichen kann. Sie hat den eigenen Ansprüchen nicht genügt.

Auf einem anderen Grabstein steht: »Unter den Brücken schlafen und für alles offen bleiben.«

Derjenige wollte wirklich diesen Lebensstil wählen, um sich ökonomisch maximal unabhängig zu machen. Es ist dann wohl in eine andere Richtung gegangen: Er erschien mir durchaus situiert; vielleicht hat er das gerade wegen seiner Furchtlosigkeit erreicht.

Und »die moderne Kondomerie in einem etablierten Einkaufszentrum«?

Da wollte jemand einen sehr wichtigen Bereich enttabuisieren und ihn in die Mitte der Gesellschaft rücken. Deswegen das Einkaufszentrum, in das sich jeder reintraut.

»Zu Hause mit ihm ein Café führen, solange es noch geht« – das hört sich nach einer sehr traurigen Geschichte an.

Ja, da geht es um ein persönliches Schicksal, das die Pläne zerstört hat. Mehr möchte ich zu den persönlichen Hintergründen nicht sagen – das gehört zum Projekt dazu.

Wann war eine Idee würdig, auf Ihrem Friedhof begraben zu werden?

Sie sollte auf einem Einfall beruhen. »Das Studium beenden« war für mich keine gute Idee. Genauso wie »einen Marathon laufen« oder so große Ideen wie »der Weltfrieden«. Da steht ja kein eigener Einfall dahinter, sondern ein gesetztes Ziel, das viele verfolgen. Eine gute Idee sollte für mich auch einen Plan beinhalten, wie ich zum Beispiel den Weltfrieden herbeiführe. Was tue ich konkret dafür? Was ist mein Plan?

Haben die Menschen eingesehen, dass einen Marathon zu laufen keine gute Idee ist?

Beleidigt war zumindest niemand. Viele Ideen beschäftigten sich mit sozialen Themen, die oft das Miteinander betreffen. Das hat mich überrascht. Ich habe mit mehr Erfindern gerechnet.

Haben Sie auch eine Idee beerdigt?

Darüber habe ich natürlich auch oft nachgedacht. Ich muss

zugeben, dass sich auch meine Ideen nur an bestehenden Strukturen orientieren: Ich hätte gern das erreicht oder dies gemacht. Ich musste mir eingestehen, dass ich in diesem Sinne wohl bisher noch keine gute Idee hatte.

Haben Sie schon Ideen für neue Projekte?

Sagen wir so: Ich arbeite daran.

Maximilian Reeg, 48, denkt wie ein Außerirdischer

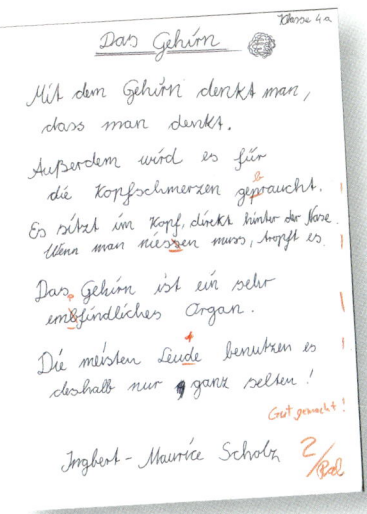

Das Gehirn Klasse 4a

Mit dem Gehirn denkt man, dass man denkt.

Außerdem wird es für die Kopfschmerzen gebraucht.

Es sitzt im Kopf, direkt hinter der Nase. Wenn man niesen muss, hopst es.

Das Gehirn ist ein sehr empfindliches Organ.

Die meisten Leute benutzen es deshalb nur ganz selten!

Gut gemacht!

Ingbert – Maurice Scholz 2/Bst

RADIO PSR

Maximilian Reeg lebt und arbeitet als freier Autor in Leipzig. Rund 60 Schulaufsätze hat er schon für die *Steffen Lukas-Show* geschrieben.

Zettelgold: Der bislang erfolgreichste Tweet von Zettelgold ist das Foto eines Aufsatzes, das im Internet kursierte. Kariertes Papier, Klasse 4a, Kinderschrift: »Mit dem Gehirn denkt man, dass man denkt. Außerdem wird es für die Kopfschmerzen gebraucht.« Eine Quellenangabe fehlte auf dem Bild. Kommt Ihnen das bekannt vor?

Reeg: Ja, der ist von mir.

Den Aufsatz haben Sie eigentlich fürs Radio geschrieben. Das hat Zettelgold später via Twitter erfahren. Freut es Sie, wenn Leser wirklich an einen Schüleraufsatz glauben?

Nein, uns geht es nicht darum, Leute aufs Glatteis zu führen. Deswegen schreibe ich auch immer blödsinnige Schülernamen unter die Aufsätze, wie zum Beispiel Shalina-Brunhilde Uhlig oder Ashley-Languste Fichtner. Auch die Namen der Grundschulen sind grundsätzlich erfunden. Eine Joey Heindle-Privatschule für Schwerstbegabte in Ilmenau gibt es ganz sicher nicht. Die Resonanz im Netz war auf jeden Fall groß. Die Aufsätze wurden massenhaft verlinkt, geliked und weitergeleitet, aber auch frech abgeschrieben und neu gepostet.

Ärgert Sie das?

Ein bisschen. Wenn jemand den Aufsatz abschreibt und die Namen von Schüler, Schule und Radiosender weglässt, dann ist das geistiger Diebstahl. Wir investieren viel Mühe, Liebe, Zeit und Geld, damit unser Programm sich durch eigene Inhalte vom medialen Einheitsbrei abhebt. Da will man, dass der Erfolg auch mit der eigenen Mannschaft nach Hause geht. Wobei ich mich grundsätzlich natürlich freue, wenn der Text auf so große Resonanz stößt.

Wie binden Sie die Zettel ins Programm ein?

Ich arbeite als Unterhaltungsredakteur für die *Steffen Lukas-Show* bei Radio PSR, das ist die beliebteste private Morningshow in Sachsen. Ich schreibe die Aufsätze, Steffen Lukas trägt sie vor. Er sagt immer, er habe sie im Schulbus aus dem Ranzen eines Schülers geklaut, auch um so den Hinweis zu geben: Es ist Spaß, was wir hier machen. Steffen legt etwas Geigenmusik drunter und lobt die Kinder: Das habt ihr wieder fein gemacht. Einer aus der Redaktion schreibt den Aufsatz danach in Kinderschrift ab, ein anderer korrigiert die Fehler, dann posten wir ihn bei Facebook.

»Das Gehirn ist ein empfindliches Organ. Die meisten Menschen benutzen es deshalb nur ganz selten.« Woher kommt die Inspiration für solche Sätze?

Ich versuche, die Welt zu betrachten wie ein Außerirdischer, genauso, wie kleine Kinder es tun: Sie sind ganz neu auf der Welt, kennen die Zusammenhänge noch nicht und reimen sich die Welt manchmal zusammen. Wenn Kinder das machen, ist es unheimlich süß, wenn Erwachsene das tun, ist es befremdlich. Das nehme ich auf die Schippe.

Wobei nicht jeder den Witz sofort versteht.

Die große Mehrheit aber schon. Klar, einige schreiben auch »Fake!« und glauben wahrscheinlich, jetzt hätten sie die Lügenpresse endlich enttarnt. Einige fallen auch unschuldig-naiv darauf rein, das stört mich aber nicht: Immerhin macht der Text etwas mit ihrem Herzen. Sie sind wahrscheinlich sogar enttäuscht, wenn sie jetzt erfahren: Diesen Aufsatz hat ein 48-jähriger, dicker Mann aus Leipzig geschrieben.

Ach, wie gut,
dass jeder weiß,
Liebe ist der
geilste Scheiß.
Barbara.

Jeder weiß
das leider nicht,
schau Pegida
ins Gesicht!
Der Barbar.

BARBARA

BARBARA

BARBARA

BARBARA

BARBARA

Jammerschade, dass es keinen Impfstoff gegen Rassismus gibt. Barbara.

BARBARA

*Was brauchst Du, um ab heute Deine Träume zu leben?
die-erinnerungsgueritta.org

Ich träume nicht mein Kleben, ich klebe meinen Traum. Barbara.

BARBARA

Danke an alle Eltern, die trotz allem noch den Mut aufbringen, Kinder in diese harte, leistungsorientierte Welt zu setzen.

Barbara.

BARBARA

Wer hier schlumpft wird angeschlumpft und kostenschlumpfig abgeschlumpft!

Barbara.

BARBARA

BARBARA

BARBARA

BARBARA

Alle lieben Barbara, obwohl keiner weiß, wer sie ist: Unter diesem Namen klebt ein Mensch Zettel in der Stadt. Fotos davon landen danach im Internet und begeistern Tausende. Letztes Jahr erschien im Lübbe Verlag ihr großartiges Buch »Dieser Befehlston verletzt meine Gefühle«. Zettelgold hat mit Barbara gechattet.

Zettelgold: Unter »Barbara« klebst du Botschaften an Wände, Schilder und Litfaßsäulen. Du bist bekannt für deine prägnanten, kurzen Sätze. Was würde über »Barbara« auf einem »Barbara«-Zettel stehen?
Barbara: Ich klebe, also bin ich.
Kaum jemand weiß, wer du bist. Nicht mal telefonieren willst du, nur chatten. Warum versteckst du dich?

Ich möchte mein Privatleben schützen und finde es gut, dass meine Arbeit unabhängig von meiner Person betrachtet wird.

Wie viele Barbaras verbergen sich hinter »Barbara«?
Ich mache das alles alleine.

Erinnerst du dich noch an deinen ersten Zettel?
Da war ich noch sehr klein. Mein Opa hat mir bei einem Spaziergang ein Hakenkreuz gezeigt, das jemand an eine Hauswand gesprüht hatte. Mein Opa hat mir erklärt, für welche schrecklichen Verbrechen dieses Symbol steht. Am nächsten Tag bin ich wieder da hin – mit einem Zettel, auf den ich eine lachende Sonne gemalt hatte. Den habe ich über das Hakenkreuz geklebt. Mein Opa hat mich dafür gelobt, mich hat das motiviert weiterzumachen.

Und unter welchen Zettel hast du zum ersten Mal »Barbara« geschrieben?
Ich habe ein Plakat unter ein »Bekleben verboten«-Schild geklebt: »Dieser Befehlston verletzt meine Gefühle.« Das Plakat ist auch das Cover meines Buchs geworden.

»Du klebst, also bist du.« Was gefällt dir an Zetteln?
Ich liebe Papier. Mit meinen Zetteln und den Botschaften darauf kann ich mich in den öffentlichen Raum einbringen, ohne Sachbeschädigung zu verursachen. Einmal drübergeregnet – und meine Zettel sind meist wieder verschwunden. Ich mag die Vergänglichkeit meiner Arbeit, sie schafft Raum für neue Ideen.

Während deine Zettel auf der Straße schnell verschwinden, begeisterst du damit im Netz Tausende Menschen. Machst du überhaupt Kunst im öffentlichen Raum? Oder eher Netzkunst?

Der öffentliche Raum ist für mich Inspirationsquelle und Spielplatz, dort findet meine Arbeit statt. Das Internet, insbesondere die sozialen Netzwerke, reflektiert das lediglich. Aber es macht meine Arbeit haltbar.

Womit spielst du im öffentlichen Raum besonders gern?

Der öffentliche Raum ist voller Botschaften, denen wir täglich ausgesetzt sind. Viele davon sind beleidigend oder diskriminierend, manche rassistisch. Dem möchte ich etwas entgegensetzen. Der teilweise sehr harte Ton auf Verbotsschildern fordert mich zum Intervenieren heraus. Mein Negativ-Favorit ist die allgegenwärtige Drohung »Eltern haften für ihre Kinder«. Ich bin mir sicher, dass Eltern auch ohne diesen bescheuerten Hinweis wissen, dass sie für ihre Kinder haften. Außerdem muss sich eine Gesellschaft nicht wundern, dass die Geburtenrate so niedrig ist, wenn potenziellen Eltern an jeder Straßenecke mit Haftung gedroht wird.

Ein paar schnelle Fragen zu deiner Arbeit: Bist du ein Mann oder eine Frau?

Ich bin ein Mensch mit dem Namen Barbara.

Klebst du bei Tag oder bei Nacht?

Beides. Die sicherste Zeit ist morgens um 9 Uhr 30 Uhr. Die Menschen sind mit einem Bein noch im Bett und mit den Gedanken schon beim Mittagessen, da nimmt keiner Notiz von meinen Aktivitäten.

Hat dich trotzdem schon mal jemand erwischt?

Einmal. Da habe ich mich als Kunststudentin ausgegeben, die für ihre Semesterarbeit ein paar »Barbara«-Plakate nachstellen wollte. Damit hatte sich das erledigt.

Hast du tatsächlich schon mal Zettel gesehen, die du nicht geklebt hattest?

In letzter Zeit häufiger.

Freut dich das?

Ich verstehe es als Zeichen der Anerkennung.

Klebst du eher ein paar Stunden täglich oder ein paar Stunden wöchentlich?

Das läuft immer nebenher.

Dann lebst du nicht von dieser Kunst?

Ich lebe nicht von, sondern für diese Kunst.

Klebst du spontan oder geplant?

In der Regel ist es eher so, dass ich etwas sehe und dann einen Zettel oder ein Schild dazu erstelle.

Verbotsschilder, Reklame, Graffiti, Hund-entlaufen-Zettel: Städte sind voller Zeichen und Botschaften. Wäre der öffentliche Raum in deutschen Großstädten ein Mensch – wie würdest du seinen Charakter beschreiben?

Die Botschaften im öffentlichen Raum sind ein Spiegelbild unserer Gesellschaft und nicht auf einen Menschen reduzierbar. Aber wenn ich es versuchen müsste, würde ich sagen: hart, vorwurfsvoll, besitzergreifend und geldgeil. Zum Glück bin ich bei Weitem nicht die Einzige, die versucht, dem etwas entgegenzusetzen. Es gibt auch eine beachtliche Zahl von positiven Botschaften, gerade aus dem Street-Art-Bereich. Menschen, die ihre Zeit investieren, um unseren Städten und Dörfern ein freundlicheres, bunteres Gesicht zu geben. Dieser Bewegung gehöre ich sehr gerne an.

Über welchen Zettel hast du selbst dich zuletzt gefreut?

Vor zwei Wochen war ich in Hamburg unterwegs. Es war mitten in der Nacht, und ich hatte bereits den ganzen Tag mit mir zu kämpfen, weil ich morgens eine sehr niederschmetternde private Nachricht erhalten hatte. Plötzlich sah ich an einer Straßenlaterne einen Zettel, auf dem stand: »ICH LIEBE BARBARA.« Drumherum lauter Herzchen. Natürlich weiß ich nicht, ob ich damit gemeint war, aber es hat mich in dem Moment sehr glücklich gemacht und mir Auftrieb gegeben. Falls damit eine andere Barbara gemeint war, bitte ich zu entschuldigen, dass ich mir von dieser positiven Energie eine Scheibe abgeschnitten habe.

Du verbreitest mit deinen Botschaften ja auch oft Liebe und bist immer sehr freundlich. Auf einem Zettel steht: »Ich klebe es an jede Wand, viel mehr Liebe braucht das Land.« Ist das deine Motivation: mehr Liebe in der Welt?

Meine Motivation ist in erster Linie mein künstlerischer Schaffensdrang. Ich liebe es, Ideen umzusetzen, und habe sehr viel Freude an meiner Arbeit. Darüber hinaus versuche ich, meinen kleinen Teil für ein lockereres und freundlicheres Deutschland beizutragen, indem ich eine Prise Humor einstreue.

Sind Zettel schon Street-Art, Frau Glaser?

Katja Glaser, Jahrgang 1985, hat an der Uni Siegen zum Thema »Street-Art und neue Medien« promoviert. Zettelgold erklärt sie, wie Facebook und Instagram Street-Art beeinflussen und warum manche Zettel nur im Internet leben.

Zettelgold: »Mal eben kurz in die Stadt« – geht das mit Ihnen?

Glaser: Schwierig. Ich bleibe häufig stehen, um Street-Art zu fotografieren – gerade wenn ich die Stadt nicht kenne. Mir haben schon viele Freunde gesagt, dass sie durch Spaziergänge mit mir einen eigenen, neuen Blick auf ihre Stadt gewonnen haben.

Wie groß ist Ihr Street-Art-Archiv?

Ich fotografiere etwa seit 2005 und habe inzwischen mindestens 11 000 Bilder.

Welche Form der Street-Art gefällt Ihnen besonders?

Ich möchte das nicht auf einen Künstler, auf einen Stil oder eine Technik verdichten. Mich sprechen viele kleine Dinge an: Erkenne ich ein Konzept hinter einer Serie? Verwendet der Künstler eine neue Technik? Welches künstlerische Selbstverständnis verbirgt sich hinter dem Bild?

Sie sprechen von Kunst, andere von Sachbeschädigung.

Das ist eine leidige Diskussion: Ist es Kunst oder keine Kunst? Ist es Vandalismus? Ich will diese Schubladen gar nicht aufmachen. Mich fasziniert an Street-Art vor allem der Aushandlungsprozess, also die Diskussion darüber.

Das heißt?

Rund um Street-Art versammeln sich verschiedene Akteure mit verschiedenen Interessen und Perspektiven. Künstler, Fotografen, Blogger, Fans, Polizisten, Hausbesitzer, Politiker, Beamte. Sie handeln permanent aus, was Street-Art ist und was nicht. Ist das schön? Muss das überhaupt schön sein? Ist das noch erlaubt? Deswegen geht es für mich nicht um die Frage: Ist es Kunst oder nicht? Sondern ich schaue den Akteuren dabei zu, wie sie diese Fragen beantworten.

Manchmal kollidieren sie auch, und der Hausbesitzer meldet ein Graffiti bei der Polizei.

Street-Art ist inzwischen in der Öffentlichkeit angekommen, nur noch sehr wenige stören sich daran – sie wertet einen Stadtteil ja meist sogar auf. Graffiti hingegen basiert auf einer szeneinternen Kommunikation, die Außenstehende oft nicht verstehen. Sie können deswegen nichts damit anfangen, reagieren irritiert, manche fühlen sich sogar bedroht.

Dabei wurde ja schon immer an Wände gemalt.

Ja, eine lange Tradition, über die Menschen früher sicher auch schon diskutiert haben.

Kunst oder nicht – die Frage nervt Sie. Und trotzdem: Haben Zettel im öffentlichen Raum das Potenzial zur Kunst?

Viele Street-Art-Seiten veröffentlichen solche Zettelbotschaften im Internet, populäre Facebook-Seiten wie »StreetArt in Germany« zum Beispiel. Es gibt also Menschen, die sagen: Ja, das ist Street-Art. Ich selbst will das nicht bewerten. Ich betrachte den Zettel eher als Botschaft, Zeichen oder Intervention im öffentlichen Raum.

»Ich liebe dich« zu tippen dauert
ca. 10 Sekunden

dem Empfänger versüßt es den

GANZEN TAG

→ PRODUKTIVER GEHT NICHT!! ←

Comedyfreunde.de laden ein

FRAUKE LÜPKE-NARBERHAUS, HAMBURG

Single?
Vergeben?
One Night Stand?

Liebe
garantiert!

FRAUKE LÜPKE-NARBERHAUS,
HAMBURG

175

Frauke Lüpke-Narberhaus,
Osnabrück

JOCHEN MARKETT, SCHWERIN

»Herz umständehalber in gute Hände abzugeben.« Sind Sie so einem Zettel schon begegnet?

Ja, diese »Love to go«-Zettel sind nichts Neues. Sie haben durch die neuen Medien extrem zugenommen, so zum Beispiel durch die Zirkulation auf Seiten wie »StreetArt in Germany«. Die Seite zählte vor drei bis vier Jahren zu einer der quantitativ zugkräftigsten Street-Art-Plattformen im Internet und hat bis heute mehr als eine Million Fans. Auf kaum einer anderen Seite wurden so viele Bilder ausgetauscht, wurde so viel gelikt und geteilt wie auf dieser.

Sie hat wesentlich dazu beigetragen, Fotos zu einem Massenpublikum zu tragen und gerade auch diejenigen Menschen für Street-Art zu sensibilisieren, die möglicherweise nie mit dieser Kunst in Kontakt gekommen wären. Viele sehen dadurch überhaupt erst die Bilder auf der Straße, manche lassen sich auch inspirieren: »Ach, finde ich cool, ich hänge jetzt auch einen Zettel auf.« Auch hier interessiert mich also eher, wie »Love to go«-Zettel zu so einem Phänomen geworden sind, weniger die Botschaft an sich.

CHRISTIANE FUCHS, WEIMAR

In Weimar hingen mehrere Zettel mit dem unvollständigen Satz »fügt Ihnen und den Menschen in Ihrer Umgebung erheblichen Schaden zu«. Manche haben »Olga« an den Satzanfang geschrieben, andere »RTL«. Hier sucht niemand mit dem Zettel eine Wohnung oder einen verlorenen Haustürschlüssel. Diese Zettel animieren zum Nachdenken und zur Interaktion. Eindeutig Street-Art, oder?

Das kann gut sein. Vielleicht hat das Internet dazu beigetragen, dass sich manche Menschen überhaupt erst als Künstler definieren und sich mit ihren Botschaften auf die Straße trauen. Dabei hat jeder aber eine andere Intention. Manche hängen solche Zettel nur für sich auf, andere wollen tatsächlich ihre Mitmenschen überraschen. Und viele hoffen wohl auf den 15-Minuten-Fame im Internet.

KATHARINA PETERS, HAMBURG

Ein letzter »Love to go«-Zettel aus Hamburg: »Liebe … nimm Dir, soviel Du brauchst …« Klingt ziemlich kitschig. Andererseits schreibt die Künstlerin »Barbara«: »Viel mehr Liebe braucht das Land.« Und das gilt im Netz als große Kunst. Warum?

Viele solcher Sprüche sind tatsächlich kitschig. »Barbara« fällt ansonsten aber durch extrem smarte Sprüche auf,

179

gesellschaftskritisch und pointiert. Deswegen darf sie vermutlich auch mal über Liebe schreiben, ohne gleich als kitschig zu gelten.

Die Künstlerin »Barbara« ist bekannt für ihre schwarz-weißen Botschaften. Hat sie diese Form der Zettel-Street-Art erst populär gemacht?

Zumindest gibt es derzeit keinen anderen Street-Art-Künstler, der diesen Stil so konsequent, gewitzt und gekonnt umsetzt wie sie. Sie ist eine Künstlerin, die maßgeblich vom Internet und den damit einhergehenden Praktiken der Anschlusskommunikation lebt. Das heißt: Nutzer kommentieren und verbreiten ihre Bilder weiter. Sie erreicht natürlich viel mehr Leute, wenn sie den Zettel im Internet postet, anstatt ihn nur an eine Berliner Hauswand zu kleben. Für mich ist sie ein Paradebeispiel für das wechselseitige Ineinandergreifen von Offline- und Online-Interaktion.

Bei Instagram hat sie mehr als 70 000 Abonnenten, bei Facebook mehr als 350 000 Fans. Braucht es die Zettel auf der Straße überhaupt noch?

Einige haben einen Bezug zur Umgebung. Meist braucht es den Zettel aber nur, um ein Foto zu machen. Da ist es egal, wo er hängt.

Ursprünglich lautete der Titel Ihrer Dissertation »Street-Art im digitalen Straßennetz«. Was sind die wichtigsten digitalen Street-Art-Straßen?

Facebook ist noch immer sehr wichtig, wobei Instagram zunehmend an Bedeutung gewinnt. Blogs haben wesentlich dazu beigetragen, Street-Art schon vor Jahren an das Netz zu binden.

Würden Sie Zettelgold in so eine digitale Street-Art-Straßenkarte aufnehmen?

Die Zettel sind zumindest eine Begleiterscheinung von Street-Art, deswegen würde Zettelgold auf so einer Straßenkarte sicherlich auch auftauchen.

Inwiefern haben Blogs, Facebook, Instagram und all die anderen neuen Medien Street-Art verändert?

Künstler haben eine weitaus größere Sichtbarkeit – zumindest dann, wenn ihr Bild auf einer Plattform landet, die viele besuchen. Im selben Zug nimmt dabei auch die Relevanz von zentralen Street-Art-Fotografen, Bloggern und Seiten-Admins zu, denn diese entscheiden, welche Motive sie für dokumentationswürdig erachten und welche nicht. Das hat Auswirkungen auf Kanonisierungsprozesse und beeinflusst, welcher Künstler von der Kunstgeschichte wahrgenommen wird.

Zudem ist es so, dass Street-Art mit ihrer direkten Umgebung kommuniziert – zumindest ist das einer der Grundgedanken. Im Internet spielt das oftmals keine Rolle mehr, da Motive häufig dekontextualisiert zirkulieren. Manche Werke sind sogar explizit und ausschließlich auf fotografische Verbreitung im Internet zugeschnitten. In diesem Fall spreche ich von »Street-Art für das Internet«.

Wenn solche Fotos dann beispielsweise bei Facebook landen, verändert sich die Kommunikationsstruktur. Nutzer können »Gefällt mir« klicken, das Bild kommentieren oder teilen. Man muss sich dabei immer bewusst sein, dass nicht nur wir etwas mit Medien machen, sondern dass die Medien auch auf uns zurückwirken und unsere Alltagserfahrung, Kommunikation und Lebenswelt maßgeblich mitprägen.

Im Fall von Facebook wäre der Aushandlungsprozess beispielsweise ein anderer, wenn die Plattform weitere oder andere Features bereitstellen würde.

Zum Beispiel?

Ein Dislike-Button würde die Kommunikation schon verändern.

Ist das Internet als öffentlicher Raum vergleichbar mit den Straßen von Berlin?

Ich betrachte das Internet als öffentlichen Raum beziehungsweise als Infrastruktur, die – wie die Stadt auch – verschiedenen Regeln, Konventionen, Restriktionen unterworfen ist. Man muss dabei bedenken, dass Plattformen wie beispielsweise Google und Facebook jedoch keine freien Netze sind, sondern Plattformen, die zum Teil intransparente Algorithmen schalten, Werbeanzeigen an Drittanbieter verkaufen und maßgeblich vom Content der User leben. Die Frage ist dann: Ist das überhaupt der richtige Platz für Street-Art?

Im Internet unterwirft sich der Künstler also wieder den Bedingungen, die er auf der Straße kritisiert?

Es sind nicht die gleichen Bedingungen, es geht um ein paar Grundwerte. So haben viele Künstler ursprünglich kritisiert, dass sie den öffentlichen Raum nicht frei nutzen können. Mit ihrer Kunst versuchen sie unter anderem, ihn zurückzuerobern. Google und Facebook hingegen geben ihren Nutzern Regeln vor und diktieren somit, was sie dürfen und was nicht. Zudem treten Nutzer mit dem Hochladen von Fotos alle Rechte ab. Einige Künstler lehnen das Internet mitunter deswegen ab, andere, so wie »Barbara«, leben quasi nur dort. Street-Art-Künstler sollten also künftig nicht nur diejenigen Konventionen hinterfragen, die sich in der Stadt etabliert haben, sondern auch die im Internet. Zum Beispiel: Wer entscheidet im Netz eigentlich, auf welcher Seite welches Bild landet und wie? Was bedeutet öffentlicher Raum, und was sind freie beziehungsweise unfreie Netze? Vielleicht kann man so eine Alternative zu Unternehmen wie Facebook finden, deren Selbstverständnis auf Überwachung, Kontrolle und Missachtung der Privatsphäre fußt.

Das Internet hat Street-Art von der Straße geholt und schickt sie um die Welt. Wie wird sich Street-Art in Zukunft entwickeln?

Eine vorsichtige Prognose abseits des Internets: Street-Art-Festivals werden und sollten zunehmend in den Fokus rücken. Es geht dabei nicht um kleinteilige Bilder oder Zettel. Vielmehr reisen Künstler in die Stadt, um große Fassaden zu gestalten. Sie schaffen ein technisch und künstlerisch hochwertiges Bild, das sich allerdings oftmals nicht kritisch mit dem Umfeld auseinandersetzt. Schließlich kennen die Künstler den lokalen Kontext nicht. Städte nutzen das schon jetzt als Marketing, denn solche Bilder locken Touristen an und machen Wohnviertel attraktiver. Schmückt das Kunstwerk die Stadt? Ist es an dieser Stelle sinnvoll? Hier startet dann wieder eine neue Diskussion.

Thomas Dreiling, 35, verliert einen Gedanken

Thomas Dreiling, Vater von zwei Kindern, arbeitet in einer Frankfurter PR-Agentur, in der er hauptsächlich »in digital« macht. Regelmäßig denkt er sich spannende Projekte aus, die er fast genauso regelmäßig nicht umsetzt. Das »Gedanken verloren«-Projekt markiert den Start in eine rosige Projektzukunft.

Zettelgold: Herr Dreiling, Sie haben per Zettelaushang einen verlorenen Gedanken gesucht. Warum?
Dreiling: Weil ich tatsächlich einen verloren hatte. Ich war im Urlaub in der Bretagne, hatte eine Idee zu einem Pro-

jekt, und die wollte mir später einfach nicht mehr einfallen. Das hat mich total gewurmt. Da habe ich mich gefragt, was passieren würde, wenn ich einen Zettel aufhänge, auf dem »Gedanken verloren« steht – so wie die bekannten »Schlüssel verloren«- oder »Hund entlaufen«-Aushänge.

Und?

Die erste Rückmeldung kam innerhalb von 24 Stunden. Insgesamt haben mir fast 50 Menschen ihre Gedanken geschickt, dabei hatte ich höchstens mit einer Handvoll gerechnet. Alle waren positiv, das hat mich überrascht. Niemand hat geschimpft, dass ich Gedanken klauen oder jemanden auf den Arm nehmen will. Einen Monat später habe ich meine erste und einzige Spam-Nachricht bekommen, die habe ich – wie die meisten anderen Antworten auch – ganz pflichtbewusst in meinem Tumblr veröffentlicht.

Haben Sie einen Lieblingsgedanken?

Eine Antwort hat mir gezeigt, dass das Projekt sich gelohnt hat. Diejenige schrieb: »Danke für dieses Lächeln, das bis heute anhält, wann immer der kleine Abschnitt in meine Hände fällt.« Ansonsten haben mir viele gefallen, einer wollte einen Finderlohn, einer fragte: »Wenn man spontan keinen tiefgründigen Gedanken hat – ist man dann oberflächlich?« Ich hatte bei dem Projekt ja auch keine tiefgründigen Gedanken.

Trotzdem haben Sie einige sehr philosophische Antworten bekommen.

Ja, einige dachten wohl, dass es ein philosophisch tiefschürfendes Projekt sein soll. Sie wollten oft einen Gedankenaustausch fortführen – auch in der Offline-Welt.

Ist es dazu gekommen?

Nein, ich habe niemanden getroffen, und auch inhaltlich geantwortet habe ich nie.

Haben Sie deswegen kein schlechtes Gewissen? Eine Person klang sehr verzweifelt, sie schrieb: »Ich würde gerne in der Nacht spazieren gehen. Mit jemandem, der die Stille sowie mein unerträgliches Schweigen nicht nur akzeptiert …«

»…sondern dem auch standhalten kann.« Ich hatte das Gefühl, da ist jemand froh, seine Gedanken irgendwo abladen zu können. Aber ein schlechtes Gewissen hatte ich nicht. Ich hätte es gar nicht geschafft, allen ausführlich zu antworten.

Haben Sie denn Ihren Gedanken inzwischen wiedergefunden?

Nein, leider nicht. Aber dafür sind mir ein paar ganz neue Ideen gekommen.

BOTSCHAFT

Boris Lietzow, 47, lädt Rentner zum Kaffee ein

Solidarität unter Kaffeetrinkern...

...für viele ist eine Tasse Kaffee am Tag unverzichtbar...doch viele Senioren können sich dieses kleine „Glück" kaum noch leisten... deshalb gibt es in diesem „Cafe'" die wunderbare Möglichkeit die Wir-Kultur zu erleben!

„Wer Geld für zwei Kaffee hat" trinkt nur einen...zahlt aber zwei!

Jede gespendete Tasse Kaffee wird mit einem weißen Kreidestrich für alle Augen sichtbar auf einer Tafel über dem Tresen registriert.... und wartet auf einen „leisen" Kaffeetrinker der diesen kleinen Genuss nicht zahlen muß! Nach Verzehr wird der weiße Kreidestrich mit roter Kreide ausgestrichen...also, liebe Hitzackeraner...bitte zeigt Eure Treue zu unseren Senioren, die uns alle bis in die heutige Zeit getragen haben.... Danke!!!!!

FRAUKE LÜPKE-NARBERHAUS, HITZACKER

Früher war Hitzacker einmal ein bedeutendes Handelszentrum, heute wird die Stadt hin und wieder fast von der Elbe verschluckt, die 5000 Einwohner rebellieren regelmäßig mit ihren Nachbarn aus Gorleben und Dannenberg gegen Kernkraft und Castor-Transporte. Ansonsten viel Kopfsteinpflaster und Fachwerk, Rollatoren und »Sommerliche Musik-tage«.

Boris Lietzow, 47, lebte schon in Mainz, Frankfurt und Düsseldorf, in Chicago, San Francisco, New York und Cannes, bevor er vor ein paar Jahren nach Hitzacker zog, der Liebe wegen. Richtig wohlgefühlt habe er sich nie, erzählt er heute, er sei immer der Zugezogene geblieben, sei es auch nach zehn Jahren noch.

Er, der Künstler und Architekt, plante trotzdem seinen Lebensabend in der Stadt. Die Liebe, Sie wissen schon. Was tut man nicht alles. Er wollte investieren, suchte etwas mit Geschichte und fand das Café Knigge, 1926 erstmals er-öffnet, damals mit eigener Eisproduktion, in der Form die erste in Deutschland, sagt Lietzow, dann insolvent. Lietzow kaufte, schaffte alte Sofas und Klassiker in das Café, Eiffel Chair von Eames, so in der Art.

Touristen aus Hamburg und Berlin wundern sich und erzählen später ihren Homies in der Hood: »Voll krass, sieht aus wie bei uns.« Die Einheimischen aus Hitzacker und Dannenberg wundern sich und flüstern: »Der hat's mit Design.«

Lietzow mag die Stadt nicht besonders, das klingt in jedem Satz durch. Und trotzdem hat er Hitzacker berei-chert, weniger mit Charles Eames, sondern vor allem mit einem Zettel, den er vor gut einem Jahr in das Fenster sei-nes Cafés klebte, eine Bekannte aus dem Ort habe die Idee dazu gehabt:

»Solidarität unter Kaffeetrinkern …

… für viele ist eine Tasse Kaffee am Tag unverzichtbar … doch viele Senioren können sich dieses kleine ›Glück‹ kaum noch leisten…deshalb gibt es in diesem ›Café‹ die wunderbare Möglichkeit, die Wir-Kultur zu erleben!

›Wer Geld für zwei Kaffee hat‹ trinkt nur einen…zahlt aber zwei!

Jede gespendete Tasse Kaffee wird mit einem weißen Kreidestrich – für alle Augen sichtbar – auf einer Tafel über dem Tresen registriert…und wartet auf einen ›leisen‹ Kaffeetrinker, der diesen kleinen Genuss nicht zahlen muss! Nach Verzehr wird der weiße Kreidestrich mit roter Kreide ausgestrichen…also, liebe Hitzackeraner…bitte zeigt Eure Treue zu unseren Senioren, die uns alle bis in die heutige Zeit getragen haben…Danke!!!!!«

Er wolle nicht, dass es wie Werbung aussieht, sagt Lietzow. »Eine soziale Ader stülpt man nicht nach außen.« Andere tun genau das in der Hoffnung, andere anzustecken, vielleicht auch, weil sie sich besser fühlen oder weil ihr Geschäft dann besser aussieht. Jedenfalls ist Hitzacker nicht die erste Stadt, die zum Kaffee einlädt.

Ursprünglich stammt die Idee des Caffè sospeso, des aufgeschobenen Kaffees, aus Italien, natürlich. Die Kultur etablierte sich, als vielen Menschen nach dem Ersten Weltkrieg das Geld für einen Espresso fehlte. Sie lebt bis heute fort und breitet sich von Land zu Land aus.

So begründete John M. Sweeney das Suspended Coffees Movement in Irland, inzwischen arbeiten rund 20 Freiwillige für ihn, mehr als 2000 Cafés in 34 Ländern machen mit, so erzählte Sweeney es im Sommer 2015 bei einem Ted Talk. Die Idee dahinter klingt groß: »Our mission is to bring communities together in hope, to inspire and empower people to change lives, and to restore faith in humanity.«

Die Webseite Coffeesharing.com listet 195 Orte in 19 Ländern auf. Und im amerikanischen Philadelphia können sich Obdachlose seit dem Jahr 2013 ein Stück Pizza Margherita oder Hawaii bei Rosa's Fresh Pizza abholen, das andere Besucher zuvor gezahlt haben. Mehr als 60 000 Stückchen hätten sie schon an Bedürftige verteilt, sagt der Besitzer Mason Wartman, zwischen 100 und 150 Obdachlose kämen täglich. Einer schrieb auf einen Zettel: »I just want to thank everyone that donated to Rosa's; it gave me a place to eat everyday and the opportunity to get back on my feet. I start a new job tomorrow!«

Natürlich bleibt ein Stück Pizza ein Stück Pizza, eine Tasse Kaffee eine Tasse Kaffee, sie machen satt und munter, lösen aber keine Probleme, Rentner müssen trotzdem ihr Geld zählen und Obdachlose einen Schlafplatz suchen. Und doch zeigt diese kleine Geste, dass jemand für einen kurzen Moment an seine Mitmenschen gedacht hat, ohne Überweisungsträger und Spendenquittung.

Cafébesitzer Lietzow lebt heute in Berlin. Zum Wochenende fährt er nach Hitzacker und verrechnet Einnahmen mit Ausgaben. Manchmal sieht er dann einen der Rentner aus dem Ort am Knigge vorbeilaufen, einmal, zweimal, dreimal, viermal. Wenn er schließlich nach einem Stück von gestern fragt, dann lädt Lietzow ihn ein, der Kuchen geht aufs Haus, der Kaffee auf die Tafel. »Tut keinem weh«, sagt Lietzow nüchtern.

Nur der Rentner, der lächelt.

Vielleicht denkt er an früher, als die Elbe sich noch friedlich ins Flussbett schmiegte, als noch niemand Kernkraft kannte, als seine Mutter ihm ein paar Pfennige zusteckte für ein Eis oder eine Limo und er damit auf der Terrasse vom Knigge saß, um auf die Stadt zu schauen, auf Kopfsteinpflaster, Fachwerkhäuser und auf ein paar Rentner, die am Krückstock gehen.

FC LUDWIGSVORSTADT MÜNCHEN E.V., MÜNCHEN

Wenn der Bauch der Frau sich langsam wölbt, beginnt so mancher Mann zu träumen: nur er und sein Sohn beim Angeln, Klettern – und auf dem Bolzplatz, natürlich.

Sein Kind hangelt sich noch von Stuhl zu Stuhl, da kauft er schon das erste Paar Fußballschuhe. Und während das Kleine noch mit seinen Autos brumm brumm brummt, kickt er ihm schon den Ball zu.

Der Vater sieht großes Talent, da dauert das Spiel noch nicht 90 Minuten. Dort steht er dann mit all den anderen

Minikicker-Müttern und -Vätern, die an Ronaldo und Rudi denken, während sie Mäxchen und Joni anfeuern.

»Was machst du?«

»Hol dir den Ball!«

»Foul!«

»Schiri!«

»Wo hast du deine Augen, Idiot!«

Keiner kennt meinen Sohn so gut wie ich, weiß der Papa. Nicht die anderen Väter, nicht die Mitspieler, nicht der Schiedsrichter, nicht der Trainer. Der Vater liebt und verteidigt seinen Sohn, er will nur das Beste für ihn, natürlich will er das. Nur: Ist das auch immer gut für das Team?

Wahrscheinlich nicht. Warum sonst stellte der Bayerische Fußball-Verband Regeln auf für ein »spielerisches Miteinander im Nachwuchsfußball«? »Eltern halten Abstand zum Spielfeld«, so steht es auf dem Fair-Play-Flyer, um die direkte Ansprache von Kindern zu unterbinden.

Gute Idee. Aber wer liest schon Vorschriften?, muss sich ein Vater aus dem FC Ludwigsvorstadt München e.V. gedacht haben. Er erinnerte sich an einen Zettel, der in den USA und England mehr bewirkte als jedes Regelwerk. Dabei schreibt der Müttern und Vätern gar nichts vor – er berührt sie.

Vor einem Spiel im Sommer 2015, Hinrunde, übersetzte der Vater den Zettel ins Deutsche, druckte ihn zehnmal aus und hängte die Blätter am Spielfeldrand auf – am Zaun, am Pfosten, am Flutlicht.

»Bitte beachten

Es sind Kinder

Es ist ein Spiel

Die Trainer sind Freiwillige

Die Schiedsrichter sind Menschen
Wir sind nicht bei der WM
Danke!«

Fünf Sätze, die saßen. Der Verein druckte sie später sogar auf T-Shirts und verteilte sie an die Spieler, so trugen rund 250 Kinder die Botschaft erneut zu ihren Eltern. Der Juniorenfußball München postete den Zettel auf seiner Facebook-Seite, Tausende teilten ihn, darunter auch die *Süddeutsche Zeitung*.

Überrascht seien sie gewesen von so viel positiver Resonanz, sagt ein Trainer des Vereins, überwältigt und optimistisch. Optimistisch, dass der Zettel vielleicht wirklich etwas verändert. Dass er Mütter und Väter daran erinnert, worauf es im Spiel wirklich ankommt: nicht auf das erste Tor oder den ersten Pokal des Kindes. Sondern auf Fair Play, Teamgeist und vor allem: auf Spaß. Denn nur wenn er Freude am Spiel hat, wird aus dem kleinen Max vielleicht irgendwann ein großer Rudi.

ST. WENDEL

Wem eine Bluse doch nicht gefällt, der bringt sie zurück ins Geschäft oder auf den Flohmarkt, steckt sie in die Altkleider-sammlung oder in den Müll. Ein Haus lässt sich wieder ver-kaufen, und selbst Ehen halten oft nicht lange. Nur ein Kind, einmal in die Welt gesetzt, bleibt Eltern erhalten, min-destens 18 Jahre lang. So wollen es das Gesetz und die Gesellschaft. Weil Mama und Papa das wissen, investieren sie oft auch so viel in ihr Goldstück.

Warum also erinnert in einer Krippe im saarländischen St. Wendel ein Zettel ausgerechnet daran, dass der Umtausch des Kindes ausgeschlossen ist? »Bitte nehmen Sie nur Ihr eigenes Kind mit nach draußen«, steht da, einmal klebt er draußen am Eingang, einmal drinnen an der Tür.

Gabriele, 57 Jahre, lacht bei der Frage. Sie weiß, dass manche Eltern den Zettel nicht verstehen, sie findet gut, wenn sie ihn erklären kann, wenn ihr Zettel Aufmerksamkeit bekommt, geht es ihr doch um ein wichtiges Thema: die Sicherheit der Kinder.

Seit rund 20 Jahren kümmert sie sich beruflich um kleine Jungen und Mädchen. In Kindergarten und Krippe betreuen sie und ihre Kollegen insgesamt rund 250 Kinder. Die meisten Mütter und Väter würden heute voll arbeiten, sagt Gabriele, anders als früher. Dementsprechend viel erwarten sie von dem Ort, wo ihr Kind laufen, sprechen und malen lernt. Wo es oft mehr Zeit verbringt als im eigenen Kinderzimmer.

Ja, Sohnemann und Töchterchen wimmern anfangs ein bisschen, wenn sie plötzlich allein sind mit den ganzen anderen Kindern und Erziehern. Meist glänzen die Augen aber schnell vor Freude, wenn sie gemeinsam in die Hände klatschen und Bauklötze stapeln. Mama und Papa aber fragen sich trotzdem: Kümmern sich die Erzieher auch anständig? Fördern sie mein Kind ausreichend? Passen sie gut auf? Kann ich es allein lassen? Ist es hier sicher?

Gabriele und ihre Kollegen wissen das. Deswegen achten sie sehr darauf, dass es den Kinder gut geht und ihnen nichts passiert – und trotzdem: Als einmal eine Mutter ihre Tochter abholen wollte, war die nicht mehr da. Gemeinsam suchten sie im ganzen Haus. Weg war das Mädchen. Ein Albtraum.

Haben wir einen Fehler gemacht?

Da fiel ihnen die Tür im Eingang ein: Weil so viele Kinder durchs Haus tapsen und toben, ist sie doppelt gesichert. Auf die normale Eingangstür folgt eine zweite, die sich nur auf Knopfdruck öffnet. Der Schalter ist weit oben, für Kinderhände nicht erreichbar – und trotzdem können sie sich nach draußen stehlen. Nämlich dann, wenn Eltern durch die Tür gehen, ganz eins mit sich und ihrem eigenen kleinen Schatz, und alles andere dabei vergessen. So war es auch bei diesem Mädchen: Es wartete draußen vor der Tür, ganz vergnügt.

Danach schrieb Gabriele einen Zettel, vier Monate ist das jetzt her. Seitdem achten die Eltern auch wieder mehr auf die anderen Kinder und nicht nur auf ihren Prinz und ihre Prinzessin.

Bruder Johannes, 62, versperrt seine Kirche

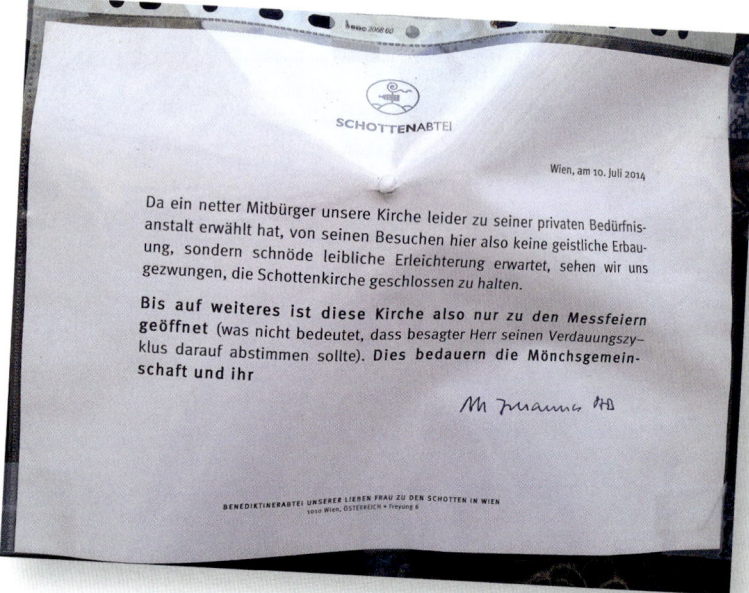

SCHOTTENABTEI

Wien, am 10. Juli 2014

Da ein netter Mitbürger unsere Kirche leider zu seiner privaten Bedürfnisanstalt erwählt hat, von seinen Besuchen hier also keine geistliche Erbauung, sondern schnöde leibliche Erleichterung erwartet, sehen wir uns gezwungen, die Schottenkirche geschlossen zu halten.

Bis auf weiteres ist diese Kirche also nur zu den Messfeiern geöffnet (was nicht bedeutet, dass besagter Herr seinen Verdauungszyklus darauf abstimmen sollte). **Dies bedauern die Mönchsgemeinschaft und ihr**

BENEDIKTINERABTEI UNSERER LIEBEN FRAU ZU DEN SCHOTTEN IN WIEN
1010 Wien, ÖSTERREICH • Freyung 6

BIANCA HAUDA, WIEN

Es ist ihm nicht leichtgefallen, das zu verraten, wofür er lebt. Und sei es nur für ein paar Wochen im Sommer. Schließlich will er alle empfangen, die Armen und Reichen, die Gesunden und Verwirrten, die Gepflegten und Schmutzigen. So steht es ja auch in der Bibel: »Brich dem Hungrigen dein Brot, und die im Elend und ohne Obdach sind, führe ins Haus!« Aber auch wer auf Gottes Wort hört, der weiß manchmal nicht weiter.

Deswegen haben Abt Johannes Jung, 62, und seine Mitbrüder ihre Kirche zugesperrt und an die Tür einen Zettel geklebt, der das Warum erklärt.

Johannes Jung ist Vorsteher des Schottenstifts, einer Benediktinerabtei in Wien, 1. Bezirk, historischer Kern der Hauptstadt, viel Altbau, Hufgeklapper und gnädige Frau. Gemeinsam mit seinen Mitbrüdern betet er täglich in der Schottenkirche, morgens um sechs Uhr treffen sie sich schon zur Meditation. Rund 860 Jahre ist ihre »Basilika Unserer Lieben Frau zu den Schotten« schon alt, überall Gold, Engel, Stuck, Marmor und Nischen, viele Nischen. Genug davon, um sich vor den Betenden zu verbergen.

Deswegen sahen die Mönche nicht, wer in ihre Kirche urinierte. Nur die Pfütze entdeckten sie irgendwann. Ein Missgeschick, hofften sie und putzen es weg. Dann passierte es wieder. Sie verstärkten ihren Wachdienst. Und wieder. Irgendwann sahen sie tatsächlich den Mann, der ihrer Kirche das antat.

Keine 50 Jahre ist er alt, schätzt Jung, sieht aber aus wie 70. Manchmal öffnet er schon morgens in der Nähe der Kirche ein Bier, die Wunden an seinen Beinen verheilen nicht mehr, das Gehen fällt ihm schwer, er scheint nicht mehr richtig wahrzunehmen, was um ihn herum passiert. Ein Mann im Elend und ohne Obdach.

Die Mönche versuchten, mit ihm zu sprechen, um zu verstehen, warum er das tat. Er wollte nicht. Wenn sie ihn rausschickten, fand er eine neue Tür. Wenn er sprach, sagte er in gebrochenem Deutsch manchmal Sätze wie: »Die Kirche ist böse.« Da wusste die Kirche nicht weiter.

Die Mönche beteten. Sie riefen bei der Polizei an. Und bei

der Caritas. Doch die kann nur dem helfen, der Hilfe auch annimmt. Dann kam der Sommer, und viele Mönche fuhren in den Urlaub. Wer sollte jetzt die Kirche reinhalten?

Johannes Jung entschied sich für eine »reine Notlösung«, wie er sagt. Er schloss die Tür und erklärte auf einem Zettel:

»Da ein netter Mitbürger unsere Kirche leider zu seiner privaten Bedürfnisanstalt erwählt hat, von seinen Besuchen hier also keine geistliche Erbauung, sondern schnöde leibliche Erleichterung erwartet, sehen wir uns gezwungen, die Schottenkirche geschlossen zu halten.

Bis auf Weiteres ist diese Kirche also nur zu den Messfeiern geöffnet (was nicht bedeutet, dass besagter Herr seinen Verdauungszyklus darauf abstimmen sollte). Dies bedauern die Mönchsgemeinschaft und Ihr Abt Johannes.«

Die Mönchsgemeinschaft empfängt in ihrer Kirche schon seit September wieder ganztägig die Armen und Reichen, die Touristen und die Wiener, die Jungen und die Alten. Nischen hätten sie seit dem Sommer nicht mehr wischen müssen, sagt Johannes Jung.

Der Obdachlose, sagt er, habe ihm immer nur leidgetan. Groll habe er nie auf ihn gespürt, höchstens auf die Gesellschaft: Warum gibt es so ein Elend? Warum kann jemand so tief fallen, obwohl so viele Hände nach ihm greifen? Die Mönche, die Caritas, die Sozialarbeiter der Stadt.

Immerhin: Dem Mann gehe es inzwischen besser, sagt Jung. Irgendjemand muss ihn also letztlich doch aufgefangen haben, die Sozialarbeiter der Stadt, die Caritas oder die Mönche. Vielleicht war's auch der liebe Gott.

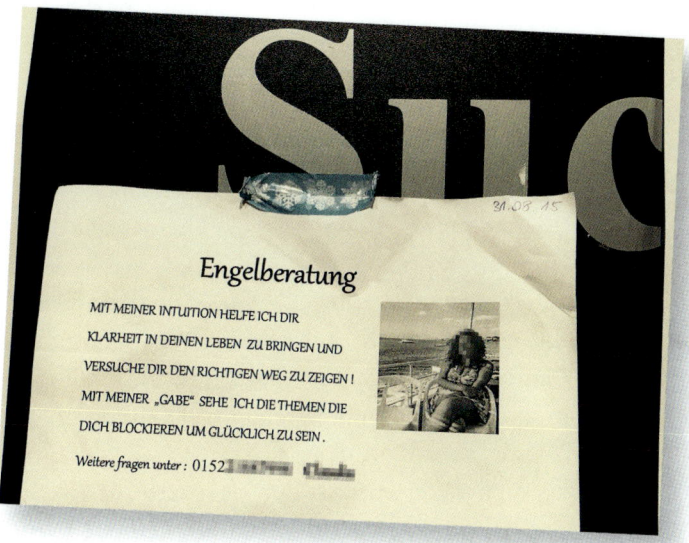

FRAUKE LÜPKE-NARBERHAUS, HAMBURG

Zwischen »Barhocker zu verkaufen« und »Wohnung gesucht« tauchen sie plötzlich auf, die Engel. Wer schnell, schnell seinen Einkauf vom Band nimmt und zum nächsten Punkt auf seiner To-do-Liste hetzt, der sieht sie nicht. Der hört nicht, was sie zu sagen haben, dabei können sie doch Leben verändern.

So verspricht es Cornelia auf dem Zettel, den sie ans Schwarze Brett vor dem Supermarkt gehängt hat. Hier im Hamburger Schanzenviertel, wo sich viele vegan ernähren und Yoga machen, um Körper, Geist und Seele zum Klingen zu bringen. Hier, wo sich viele junge Menschen aufhalten, die gerade noch im Studium Credit Points gezählt haben und schon jetzt dem ersten Burn-out entgegenrennen. Da fängt man schon mal an zu denken: Was wird aus mir, und wann werde ich es? Was will ich überhaupt vom Leben?

»Engelberatung« hat Cornelia auf ihren Zettel geschrieben. Und: »Mit meiner Intuition helfe ich dir, Klarheit in dein Leben zu bringen, und versuche, dir den richtigen Weg zu zeigen! Mit meiner ›Gabe‹ sehe ich die Themen, die dich blockieren, um glücklich zu sein.«

Cornelia heißt eigentlich anders, sie ist eine freundliche Frau um die 40, sie spricht mit spanischem Akzent, ursprünglich kommt sie aus Südamerika. Kunden und Engel begrüßt sie in ihrer Wohnung. »Schön, dass du da bist«, sagt sie.

Ob sie das auch sagen würde, wenn sie wüsste, dass man gar nicht glaubt? An Engel, Feen und Kartenlesen? Dass man einfach nur wissen will, wie das so ist, mit Wesen zu sprechen, die uns angeblich umgeben. Dass man erfahren möchte, ob Cornelia sich bewusst ist, wie sehr sie mit ihren Engeln anderen Menschen schaden kann?

Denn Cornelia ist nicht die Einzige, die an so eine Gabe glaubt: Zwischen 10 000 und 20 000 Menschen bieten esoterische und alternative Lebenshilfe in Deutschland an, schätzt der Verein Sekten-Info NRW, genaue Zahlen gibt es nicht. Zum Vergleich: Rund 11 000 Psychologen und Psychiater sind derzeit bei der Ärztekammer registriert.

Während die großen Kirchen jährlich Mitglieder verlieren, buchen sinnsuchende Menschen Rebirthing-Kurse, interessieren sich für Bert Hellingers Familienaufstellung und für Reinkarnationstherapien. Sie schlucken Bachblüten, lassen sich von Edelsteinen therapieren, sie meditieren, brummen, summen, atmen, lachen, schreien, tanzen so lange, bis sich alles dreht und sie ganz eins sind mit sich und dieser verrückten Welt. Manche Gurus geben Drogen, das geht schneller.

Nicht jedes Angebot in der Esoterik muss zwangsläufig schaden, auch die Schulmedizin kapituliert vor manchen Leiden, größeren wie kleineren. Immer wieder fehlt Ärzten Zeit oder Empathie oder beides, da hilft es mitunter schon, wenn ein Heilpraktiker einfach mal zuhört. Auch Yoga und Placebos tun vielen gut.

Krebs und Aids verschwinden so nicht, Bronchitis und Mittelohrentzündung auch nicht. Sogenannte Reinkarnationstherapien holen manchmal längst gut Verdrängtes hervor und können psychisch kranke Menschen retraumatisieren. Engelberatung kann schlimmstenfalls zu Wahnvorstellungen führen, mancher traut sich irgendwann keine eigene Entscheidung mehr zu, sondern fragt immer sein Medium – und zahlt für jede Antwort. 1,50 pro Minute, 90 Euro die Stunde verlangen viele. Klingt nach wenig und kann sich doch schnell summieren auf mehrere Tausend Euro. Cornelia nimmt nur 30 Euro. Sie sei noch in der Ausbildung, sagt sie.

»Warum bist du so interessiert?«

»Ich bin einfach neugierig. Ich probiere gern Dinge aus.«

»Was erwartest du von mir?«

»Ein bisschen reden.«

»Gerne. Ich habe gerade gebetet, für mich ist Gott sehr

wichtig. Wir sind ja alle eins, das weißt du ja wahrscheinlich. Hast du dich ein bisschen mit dem Prozess beschäftigt, oder weißt du gar nichts?«

»Nee, also ich war auf einer katholischen Schule. Von daher habe ich ein bisschen Background.«

»Ich bin auch katholisch. Früher dachte ich, dass Gott bestraft, dabei ist er ganz liebevoll.«

Cornelia hat auf ihr Sofa im Wohnzimmer gebeten, auf dem Tisch steht ein Engel, zwei Zentimeter groß, höchstens, daneben liegt ein Buch, es geht um Engel, natürlich. Immerhin brennen weder Kerzen noch Räucherstäbchen. Draußen scheint die Sonne, drinnen ist es kalt.

Cornelia spricht sanft und langsam, mit warmer Stimme. Eine Frau, die genau zuhört und beobachtet, die spürt, wenn sie richtig liegt mit dem, was sie sagt und sieht. Als emotionale Intelligenz bezeichnen das manche. Cornelia nennt es Gabe. Sie spüre die Seelen und Wesen, die kommen, um die Erde zu verbessern. Manchmal schicken diese Wesen ihr Bilder und Wortfetzen. »Telepathisch«, sagt Cornelia. Das alles setze sie zusammen. »Es ist ein bisschen verrückt«, sagt sie. »Aber hellsehen kann ich nicht.«

Cornelia beantwortet die Fragen ihrer Kunden, meist sind es Frauen. Anhand der Fragen lässt sich schon erahnen, worum es geht: Betrügt mich mein Mann? Wann werde ich nicht mehr allein sein? Werde ich einen neuen Job finden?

Meist erzählen die Kunden schon von sich aus so viel, dass Wahrsager, Hellseher und Menschen wie Cornelia sehr leicht heraushören können, wer ihnen gegenübersitzt und was ihn bewegt. Sie antworten meist erst ganz allgemein auf Fragen und schauen, wie ihr Gegenüber reagiert, Cold

Reading nennt sich das. Cornelia hat es heute schwer: Ihr Gegenüber sagt fast nichts.

»Mach bitte die Augen zu und öffne dich für mich. Wir haben Chakren. Kennst du das?«

»Nee.«

»Egal. Konzentriere dich jetzt, und öffne dich. Wie eine Blume. Schau in den Spiegel.«

30 Sekunden später:

»Ich nehme wahr, dass du eigentlich gar nicht wissen willst, wo du ursprünglich herkommst. Wie siehst du dich? Kannst du dich im Spiegel sehen?«

»Ich habe die Augen zu.«

»Hast du die Augen zu, wenn du dich anguckst?«

»Ja.«

»Siehst du.«

30 Sekunden später:

»Es fühlt sich sehr leicht an. Auf jeden Fall warst du ein Wesen. Sehr leicht. Du fliegst, du hattest Flügel. Es klingt verrückt, aber so sehe ich dich. Du kommst aus einer magischen Welt. Du warst sehr glücklich. Ich bekomme Gänsehaut.«

»Was bedeutet das für mich?«

»Du kannst besser verstehen, warum du dich irgendwo wohlfühlst. Du solltest auch bei der Ernährung aufpassen. Alles, was von der Erde kommt, tut dir gut. Und Champignons. Ohne Witz, das haben sie mir gesagt.«

»Welchen Ort siehst du?«

»Natur. Magisch.«

»Siehst du andere Wesen?«

»Einen Moment. Ich gucke.«

Als Cornelia sich von ihrem Mann getrennt hatte, da bezahlte sie selbst ein Medium. Sie habe eine Rückführung machen wollen, um zu sehen, wer sie früher gewesen sei, sagt Cornelia heute. Dieses Medium, wie so oft eine Frau, habe ihre Gabe erkannt. Sie habe ihr gesagt, dass sie diese Gabe annehmen solle, weil sie damit vielen Menschen helfen könne. »In dieser Nacht habe ich einen Engel gesehen«, sagt Cornelia.

Wenn sie das so sagt, so fromm und gütig, dann tut sie einem fast leid. Auch heute noch geht Cornelia zu einer Lehrerin, von der sie lernt, gegen Geld.

Jeder kann glauben, was er will, so steht es im Grundgesetz. Die Glaubensfreiheit hört aber da auf, wo jemand gegen Gesetze verstößt, indem er zum Beispiel Heilmittel verschreibt, obwohl ihm die Zulassung dafür fehlt. Oder wenn jemand in Gefahr gerät, weil er nicht mehr zum Arzt geht, die Engel wollten es schließlich so.

»Sagst du Menschen, die zu dir kommen, auch, was sie tun sollen?«

»Wenn ich fühle, dass etwas nicht gut ist, dann bin ich ganz ehrlich. Wenn ich das Gefühl habe, ein Mann geht fremd, dann sage ich das auch. Das geht gar nicht.«

»Das ist eine große Verantwortung.«

»Nein, ich sage das ja nur. Ich werde niemals lügen. Jeder übernimmt selbst für sein Handeln die Verantwortung. Schon in dem Moment, wo du zu mir gekommen bist. Das ist deine Entscheidung und deine Verantwortung.«

Cornelia hatte eine Zeit lang keinen Job, seit ein paar Monaten arbeitet sie wieder, für die Engel hat sie deswegen nur noch wenig Zeit. »Aber sie sagen, ich muss nur noch

ein paar Jahre durchhalten, dann werde ich nur noch Engelberatung machen. Darauf freue ich mich.«

Vielleicht hängen dann bald noch mehr Zettel in Hamburgs Supermärkten. Bleibt nur zu hoffen, dass möglichst
viele Menschen schnell, schnell daran vorbeilaufen.

KEINE LEBENDEN GESCHENKE
ZU WEIHNACHTEN

Liebe Kunden,
Haustiere sind **KEINE** Weihnachtsgeschenke und deswegen werden wir im Zeitraum vom **15.12.2014** bis **02.01.2015** keine Nager und Vögel verkaufen.

Wir hoffen auf Ihr Verständnis!

„Das Futterhaus Wr.Neustadt" Team

DAS FUTTERHAUS, WIENER NEUSTADT

Was soll das Christkind bringen, wenn alles schon da ist? Wie soll es überraschen, wenn nichts mehr erstaunt? In diesem Jahr, ja, da müssen die Geschenke krachen, glitzern, blinken, wummern. Oder einfach nur leben.

Denn hatte der kleine Paul nicht schon mit Nemo gelitten? Und mit der Ratatouille-kochenden Ratte Rémy? Mit Perdita und den anderen Dalmatinern? Hatte er danach nicht gesagt »Ich will auch so einen haben«? Dann lauter: »Ich. Will. Will. Will aber.« Und wollten wir als Kinder nicht selbst eine Lassie? Haben wir uns nicht geschworen: Wenn wir groß sind, dann erfüllen wir unseren Kindern diesen Wunsch? Nur diesen einen.

Über solche Eltern ärgert sich Elena, die eigentlich anders heißt, immer mal wieder. Sie arbeitet im Futterhaus, einem Zoogeschäft in Wiener Neustadt, Österreich. Hier verkauft sie Knistersäcke für Katzen, Rinderohren für Hunde und eben Kleintiere.

Jetzt, kurz vor Weihnachten, sei das lebende Angebot im Laden nicht mehr besonders groß, sagt Elena. Kaninchen? Ausverkauft. Hamster? Drei vielleicht. Mäuse? Eine. Das ist Absicht: Zu Weihnachten soll im Laden nichts mehr rascheln, fiepen und piepen. Damit eben nicht jene Eltern kommen und kaufen, die nur an Weihnachten denken, nicht an die Zeit danach. Denn: »Uns geht es nicht ums Geschäft«, sagt Elena. »Bei uns steht das Tier an erster Stelle.«

Das klingt fast zu schön, würde sich auch auf einem Werbeplakat gut machen, und doch wirkt Elena glaubwürdig. Hätten sie und ihre Kollegen sonst diesen Zettel in ihr Geschäft gehängt?

»Liebe Kunden,

Haustiere sind KEINE Weihnachtsgeschenke, und deswegen werden wir im Zeitraum vom 15. Dezember bis 02. Januar 2015 keine Nager und Vögel verkaufen.

Wir hoffen auf Ihr Verständnis!«

Das verstehen viele, aber natürlich nicht alle. »Sie wissen doch, wie die Menschen manchmal sind«, sagt Elena. Manche fühlten sich bevormundet, andere sähen gar ihre Privatsphäre verletzt. Aber, sagt Elena, sie und ihre Kollegen stünden hinter dem Schreiben, auch andere Filialen in Österreich und Deutschland zögen mit. »Wir haben keinen Verkaufs-zwang«, sagt Elena, »wenn wir einem Menschen ein Tier nicht geben wollen, dann müssen wir es nicht.«

Haustieren täte es sicher gut, gäbe es mehr Elenas in der Welt. Natürlich gibt es viele Kinder, die ihre Schnuckis und Bunnys und Flöckchens sehr lieben. Aber es gibt eben auch jene, die ihren Nemo die Toilette runterspülen, um ihm die Freiheit zu schenken. In Frankreich sollen nach dem Kino-erfolg von Ratatouille-Rémy vier Millionen Haustierratten gelebt haben, doppelt so viele wie im Jahr vor Rémy. Wo diese Tiere sich verstecken würden, sollten Kinder sie ver-stoßen, will man lieber nicht so genau wissen.

So gesehen, ist ein weihnachtliches Nagerverbot irgend-wie ja auch ein Akt der Nächstenliebe. Dürfte dem Christ-kind also gefallen.

Zoo schützt Karnevalisten vor aggressivem Flachlandgorilla

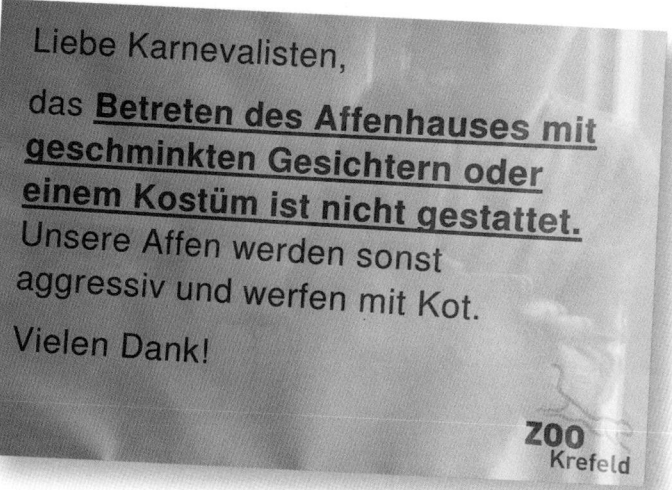

Liebe Karnevalisten,

das **Betreten des Affenhauses mit geschminkten Gesichtern oder einem Kostüm ist nicht gestattet.** Unsere Affen werden sonst aggressiv und werfen mit Kot.

Vielen Dank!

ZOO Krefeld

FRAUKE LÜPKE-NARBERHAUS, KREFELD

Massa ist nicht mehr der Jüngste. Er darf sich nicht aufregen, seit ein paar Jahren schon sieht er schlecht, zeugungsunfähig ist er auch irgendwann geworden. Er setzte Kisoro in die Welt, Gorgo, Jambo, Rebecca und Bagira, irgendwann klappte es einfach nicht mehr. Seine beiden Damen, Boma und Tumba, bleiben trotzdem bei ihm. Sie können nicht anders. Lebten die drei nicht in Deutschland, sondern im Kongo, dann hätten sie ihn wohl längst verlassen.

Massa aber, 45 Jahre, 230 Kilo, schwarze Augen, silbriggraues Fell, lebt nicht in Afrika, sondern in Nordrhein-Westfalen, gleich neben den rosa Pelikanen und den Riesenkängurus. Massa ist ein Silberrücken, ein westlicher Flachlandgorilla, seit 40 Jahren ist der Zoo Krefeld sein Zuhause.

In diesem Frühjahr hätte der Krefelder Karneval ihn beinahe umgebracht. Es war einfach zu viel Aufregung. Da half auch der Zettel nicht, den die Zoomitarbeiter im Februar wieder ans Affenhaus geklebt hatten.

»Liebe Karnevalisten,

das Betreten des Affenhauses mit geschminkten Gesichtern oder einem Kostüm ist nicht gestattet. Unsere Affen werden sonst aggressiv und werfen mit Kot. Vielen Dank!«

Seit rund zehn Jahren hängen die Mitarbeiter diesen Zettel auf, erst jetzt machte das Internet ihn deutschlandweit bekannt: »So geht es einigen von uns auch«, twitterte eine Zoobesucherin und schickte ein Foto des Zettels in die Welt. Tausende applaudierten. »Das kann man den Affen nicht verdenken«, schrieb einer. »Solidarisiere mich hiermit mit den Affen«, ein anderer. »Wir sind selbst ein wenig überrascht, welche Berühmtheit ein Zettel bekommen kann«, schrieb der Zoo.

Er ist stolz auf sein Affenhaus, fünf Schimpansen, vier Orang-Utans, drei Gorillas, 2000 Quadratmeter Gehege, keine Gitter, kein Glas. Die Menschen wundern sich über die Affen, die Affen wundern sich über die Menschen, meist verhalten sich alle ganz friedlich.

Nun gibt es aber leider immer auch jene Art Mensch, die sich nicht zu benehmen weiß, die sich nicht an Verbote hält. Früher schmissen die Affen mit kleinen Stöcken nach Verkleideten, aber die Menschen schmissen zurück. Dann passten die Affen sich an und warfen mit ihren Exkrementen. Kot kommt nicht zurück.

Massa reagierte schon immer auf Menschen, die seltsam aussahen, knallrote Haare irritieren ihn, genauso wie stark geschminkte Gesichter. Die Zoomitarbeiter vermuten, dass die Jäger geschminkt und verkleidet waren, die ihn damals im Kongo einfingen und in den Zoo brachten. Vielleicht hat ihn das traumatisiert.

Kinder lieben Karneval, in Nordrhein-Westfalen sind sie bekanntlich ganz närrisch zu dieser Jahreszeit. Deswegen kommen jedes Jahr rund 25 Kinder kostümiert in den Zoo. Der Zoo lässt sie gewähren, solange sie Massa nicht besuchen.

Hat nicht funktioniert: In diesem Jahr marschierten Eltern ins Affenhaus, an der Seite ihr Kind im Gorillakostüm, ausgerechnet. Massa schrie, brüllte, rannte. Die Zoomitarbeiter sorgten sich um ihren alten Herrn, ganz hysterisch sei er gewesen, erinnern sie sich. Sie lockten ihn rufend in seinen Schlafraum. Nach einer Stunde beruhigte er sich.

In Zukunft braucht der Krefelder Zoo den Zettel am Affenhaus nicht mehr. Kostüme sind nun komplett verboten. Schließlich soll Massa noch ein paar ruhige Jahre erleben, um dann irgendwann friedlich einzuschlafen. Von allein, nicht im Karnevalsstress.

Andrea, 27, räumt mit Vorurteilen gegen Stadttauben auf

ANNA ARIDZANJAN, BERLIN

Schwer zu sagen, wann der Abstieg begann, von ganz oben nach ganz unten. Früher einmal überbrachten sie für den Kaiser von China die Nachrichten, ebenso für Julius Cäsar und Dschingis Khan. Selbst die Nachrichtenagentur Reuters setzte in ihren Anfangsjahren auf Brieftauben, Internet gab es 1850 schließlich noch nicht.

Auch heute noch werden Tauben mitunter zu Hochzeiten eingeladen, als Ehrengäste, begrüßt mit vielen »Ohhhs« und »Ahhhs«, oder sie werden geköpft und als Delikatesse verspeist. Manche schicken sie auch um die Welt, Brieftaubensport nennt sich das, besonders interessant für jene, die gern Wettbewerbe gewinnen, ohne sich selbst übermäßig zu bewegen.

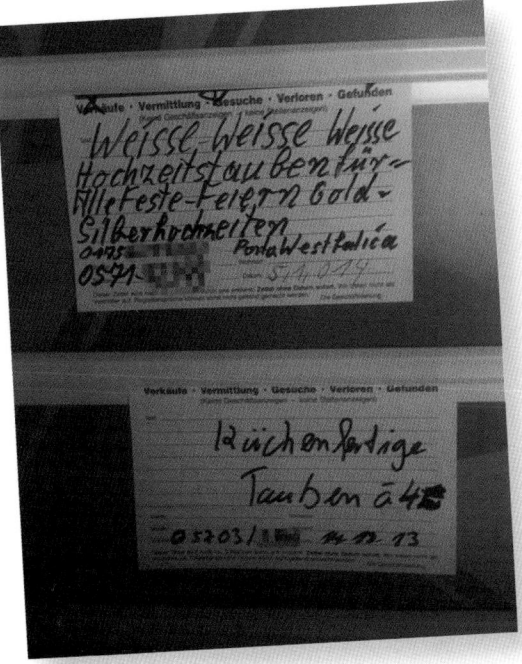

BERND KRIEGESMANN, MINDEN

Die gemeine Stadttaube hingegen hat über die Jahre so sehr an Status eingebüßt, dass ihr nicht einmal ihr Name geblieben ist: »Ratte der Lüfte« heißt sie nur noch, seitdem ein städtischer Beamter sie 1966 in einem *New York Times*-Artikel so bezeichnete.

Andrea, 27, hat das eine Weile beobachtet. Sie liebt Tiere, früher, als sie noch auf dem Dorf lebte, gehörten ihr Hühner, Kaninchen und eine Katze. Später, in Berlin, demonstrierte sie gegen Massentierhaltung, gegen Tierversuchslabore, gegen Hundetötungen in Rumänien und für eine vegane Lebensweise. Heute, sagt sie, habe sie kaum noch Zeit für Demos, denn seit eineinhalb Jahren sitzt sie oft im Wartezimmer beim Tierarzt. Auf dem Schoß immer eine andere Stadttaube.

Dabei geht es ihr gar nicht darum, ob sie diese Vögel nun mehr mag als andere Tiere, sie hat lediglich Angebot und Nachfrage analysiert: Rund 10 000 Stadttauben leben vermutlich in Berlin, weltweit könnten es – je nach Schätzung – bis zu 340 Millionen sein. Und wer tritt für ihre Rechte ein? Tierschützer kümmern sich meist lieber um Hund, Katze oder Kegelrobbe, das lässt sich besser verkaufen.

Andrea also nahm sich der Ausgestoßenen an, dabei, sagt sie, gehe es ihr um Verantwortung. Denn bei Tauben gebe es so viele Missverständnisse und Vorurteile, Krankheiten sollen sie übertragen, dabei sind sie nicht ansteckender als Hunde und Katzen. Und dieser Kot überall. Andrea sagt: »Viel ekeliger finde ich die Berliner Bahnhöfe am Wochenende: Überall liegen Bierflaschen, manchmal sogar Fäkalien und Erbrochenes. Der Mensch macht viel mehr Dreck, obwohl er den Mülleimer erfunden hat.« Tauben, sagt sie, seien ganz soziale Tiere mit ganz individuellen Eigenheiten: »Einige sind schüchterner, andere frecher.«

Angefangen hat alles vor rund eineinhalb Jahren in Berlin am Bahnhof: Es war Herbst, kalt und schon längst dunkel, als Andrea am Bahnsteig eine Taube entdeckte, ganz aufgeplustert war sie. Wenn nachts eine Taube am Boden sitzt, dann geht es ihr nicht gut, das wusste Andrea damals schon. Also versuchte sie, die Taube zu fangen, erst allein, später half ihr eine Frau. Vergebens.

Was aus der Taube wurde, ist nicht bekannt, Andrea und diese Frau aber freundeten sich an. Sie brachte Andrea auch auf die Idee, einen Stammtisch zu gründen und dafür Werbung zu machen: »Freunde der Stadttauben treffen sich zum Stammtisch«, schrieb Andrea auf einen Zettel und druckte mehr als 2000 Exemplare, einige hängte sie auf, andere legte sie aus, beim Veganen Sommerfest auf dem Berliner Alexanderplatz zum Beispiel.

Seit März 2015 treffen sich einmal im Monat rund zehn Taubenfreunde, vor allem aber – wie oft im Tierschutz – Taubenfreundinnen, in einem vegan-vegetarischen Restaurant in Berlin-Charlottenburg. Zwischen 20 und 70 Jahren sei alles dabei, sagt Andrea. Sie reden dann über Taubenpflege, Taubenschläge, Taubenärzte und manchmal auch über Tierschutz allgemein. Denn: »Wer eine verletzte Taube findet, ist nicht davor gefeit, auch mal eine verletzte Krähe zu finden«, sagt Andrea.

Andrea hat schon viele verletzte Tauben gepflegt. Inzwischen weiß sie, welche Ärzte ihr helfen, ihr vielleicht auch mal finanziell entgegenkommen, denn so eine Pflege, die kostet. Deswegen versucht Andrea, selbst zu helfen, bevor sie zur Praxis fährt, und trägt immer ein Erste-Hilfe-Set bei sich, Futter, Pinzette, Desinfektionsmittel und Nagelschere. Damit schneidet sie zum Beispiel Fäden durch, die sich in den Krallen verheddert haben. Wenn sie eine Taube befreit hat und die davonflattert, dann freut sich Andrea. Und wenn eine Taube stirbt, dann weint sie manchmal. Denn: »Jedes Einzelschicksal zählt.«

In Andreas perfekter Welt gibt es ausreichend Taubenschläge mit frischem Wasser, Futter und Nestern, in denen Taubeneier regelmäßig gegen Attrappen aus Gips oder Plastik ausgetauscht werden, um so die Population ein wenig zu minimieren. In Andreas perfekter Welt müssen Tauben nicht mehr bei Hochzeiten fliegen und auch nicht bei Wettbewerben, sondern höchstens auf Bitten des Kaisers. Dann wäre die Taube wieder dort angekommen, wo sie früher einmal geflogen ist: hoch oben in der Gunst der Mächtigen.

Artur Fischer-Meny, 43, rettet Eichhörnchen vor Autofahrer

FRAUKE LÜPKE-NARBERHAUS, HAMBURG

Als er vor rund 15 Jahren ins Portugiesenviertel gezogen ist, nah dran an den Hamburger Hafen, da ahnte er noch nicht, wie viele wilde Tiere um ihn herum lebten. Das merkte Artur Fischer-Meny, 43, erst nach und nach, auf dem Weg zu seinem Auto zum Beispiel entdeckte er einen Igel, dann ein Karnickel, dann einen Marder. Jahre später zählte er gemeinsam mit anderen Nachbarn all die Tiere, die sie sahen. Auch die elf Eichhörnchen, wegen denen er sich mit einem Nachbarn zerstritten hat. Oder, wie Fischer-Meny es ausdrückt: »Wir tragen ein munteres sportliches Kämpfchen aus.«

Seit gut einem Jahr besucht Fischer-Meny die Eichhörnchen jeden Tag, eine Stunde am Morgen, bevor er mit seiner Arbeit als Radioreporter beginnt, immer kurz nach Sonnenaufgang, im Winter gegen 8 Uhr 15, im Sommer vier Stunden früher. In einer Hosentasche die Nüsse, in der anderen eine Kamera.

Rund 300 Filmchen hat er schon gedreht, viele lädt er bei Facebook und YouTube hoch, Eichhörnchen-Fans in England, Israel und Australien verfolgen sie, auch Biologen seien darunter, sagt Fischer-Meny. Manch einer sei ganz verwundert, wie gesellig und bisweilen geschwätzig Stadthörnchen in ihrem kleinen Revier zusammenleben, so ganz anders als Waldhörnchen.

Mittlerweile weiß Fischer-Meny, welches Eichhörnchen lieber Walnüsse mag, welches Haselnüsse, welches Möhren und Trauben bevorzugt. Er weiß, welches stürmisch auf ihn zuspringt und welches sich Schritt. Für. Schritt. Für. Schritt nähert. »Putzig«, sagt Fischer-Meny und lacht. »Irgendwie knuffig.«

Sein Lieblingshörnchen sei das Spiderhorn, sagt Fischer-Meny, es geht die Wände hoch wie eine Spinne. Wie es morgens auf seinem rechten Knie sitzt, die Nuss wegknuspelt und sich dann auch noch ein bisschen putzt. »Das ist schon ganz niedlich.«

Er mag aber auch das Mutti-Horn, das für viel Nachwuchs gesorgt hat auf dem Hamburger Venusberg im Portugiesenviertel. Und das Kämpfer-Horn, zuvor bekannt als Sorgen-Horn, imponiert ihm, wie es sich nach einem Autounfall durchgebissen hat. Dieser Lebenswille.

Das schafft nicht jeder. Drei Verkehrstote hat Fischer-

Meny schon gezählt. Eindeutig überfahren und nicht einfach mit Herzinfarkt vom Baum gefallen, auch das kommt vor, völlig normal für Hörnchen, sagt er.

Es ist diese eine Stelle am Venusberg, sehr gerade und abschüssig, da würden die Autos gern mal mit 50 den Berg runterpreschen, 30 wären Fischer-Meny lieber.

Im Internet fand er Schilder, wie sie in Australien aufgestellt werden, leuchtend gelb, »Squirrel Crossing«. Er bestellte welche, fragte die Stadt um Erlaubnis, informierte die Presse und bat Burkhardt Müller-Sönksen hinzu, früher für die FPD im Bundestag, jetzt Bezirksabgeordneter in Eimsbüttel, auch so ein Hörnchenfan, sagt Fischer-Meny. »Mir ist wichtig, dass die Eichhörnchen sich sicher durch unsere Stadt bewegen können. Die Schilder sollen ein Beitrag dazu sein«, so zitierte das *Hamburger Abendblatt* den Politiker im Herbst 2015.

Nun gibt es am Hamburger Venusberg einen Herrn, der die FPD im Allgemeinen und Müller-Sönksen im Besonderen nicht so gern mag. Und dann auch noch dieses Schild. Gelb wie FDP.

Nach einer Woche waren die beiden Schilder von der Straße verschwunden, im Internet tauchten sie wieder auf. Der besagte Herr moderiert dort eine eigene Radiosendung und bebilderte die aktuelle Show mit einem Foto der abmontierten gelben »Squirrel Crossing«.

Fischer-Meny konfrontierte den Mann, der war geständig, wenn auch nicht gerade reuig, er sei nicht der Einzige, dem Fischer-Menys Eichhörnchenliebe dann doch etwas zu weit gehe. Fischer-Meny kann das nicht recht glauben, wobei er schon mal, daran erinnert er sich, ein paar Hundebesitzer angesprochen hat. Sie sollten ihre Hunde doch bitte nicht so über die Wiese jagen. Da lebten schließlich noch andere Tiere.

Fischer-Meny montierte neue Schilder an, jemand baute sie wieder ab. Neue Schilder. Wieder weg. Schilder. Umgetreten. Schilder hin. Schilder weg. Gut 20-mal ging das so. Irgendwann schrieb Fischer-Meny einen Zettel:

»Es macht nichts, wenn Sie armes Ding das Schild jeden Tag umbiegen.

Sie tun mir unglaublich leid. Reden?«

Darunter notierte er seine Telefonnummer. Angerufen hat der Eichhörnchengegner bislang nicht. Ob immer noch dieser eine Herr dahintersteckt? Fischer-Meny weiß es nicht.

Ist ihm aber auch nicht so wichtig, solange es seinem kleinen Großstadtdschungel gut geht: Hauptsache, Mutti-Horn setzt weiter Kinder in die Bäume, und Spiderhorn reagiert auf sein Nussgeklapper, Hauptsache, Zutraulich-Horn schmiegt sich auf seinen Schoß, und Kämpfer-Horn läuft nicht noch mal vors Auto. Bislang ist Artur Fischer-Meny zufrieden: Seit ein paar Monaten musste er kein verkehrstotes Eichhörnchen mehr begraben.

DANKE

Ohne die Tausenden Zettelgold-Leserinnen und -Leser würde es dieses Buch nicht geben. Seitdem ich im Februar 2013 den Blog gestartet habe, unterstützen sie mich mit Fotos und Recherche-Aufträgen, motivieren mich mit Lob und ihren persönlichen Nachrichten.

Und als ich bei der Arbeit am Buch noch mehr Unterstützung brauchte, halfen mir beim Schreiben und Strukturieren diese Menschen ganz besonders: Barbara Hans, Maren Keller, Benjamin Maack, Oliver Trenkamp und Markus Verbeet. Birger Menke und Hendrik Ternieden danke ich, dass sie die Zettelgold-Texte im Panorama-Ressort von *Spiegel Online* immer so herzlich aufgenommen haben. Katharina Tenberge, Simon Sturm und Michael Wagner danke ich für den Design-Crash-Kurs, Angela Gsell und Angelika Mette für ihre Geduld und Katharina Borchert für ihre Unterstützung.

Viele Menschen haben in den Wochen und Monaten vor der Abgabe mitgefiebert. Dazu gehören Ole Reißmann und meine wunderbaren bento-Kollegen, meine Freunde, besonders Aja, Bine, Coco und Nadine, mein Bruder, meine Schwägerin, mein Lieblingscousin, meine Schwiegerschwester und natürlich meine Eltern. Vor allem aber danke ich dem Mann, der schon an Zettelgold geglaubt hat, als es den Blog noch gar nicht gab. Der mich jeden Tag unterstützt und inspiriert.